PECES
DE LAGOS Y RÍOS

Traducción: Vilma Pruzzo
Diseño de cubierta: mas!gráfica
Diseño gráfico: Milagros Recio y Equipo Susaeta
©Aventinum
©Susaeta Ediciones S.A. (versión castellana)
Tikal Ediciones
D.L.: M-2690-2009
Campezo, s/n -28022 Madrid (España)
Telf. 913 009 100 - Fax 913 009 118

Cualquier forma de reproducción o transformación de esta obra sólo puede ser realizada con la autorización del titular del copyright. Diríjase además a CEDRO (Centro Español de Derechos Reprográficos, www.cedro.org) si necesita fotocopiar o escanear algún fragmento de esta obra.

BIBLIOTECA DE LA NATURALEZA

PECES
DE LAGOS Y RÍOS

Texto de Karel Pecl

Ilustraciones de J. Malý y K. Hísek

TIKAL

CONTENIDO

Introducción   6
- El agua como medio ambiente   6
- Morfología de los peces   10
- Qué tienen los peces bajo la piel   14
- Sistemas de información   17
- Alimentación   20
- Reproducción y cuidados paternos   22
- Madurez   25

Descripciones ilustradas   27

- Indice de nombres en castellano   220
- Indice de nombres en latín   222

INTRODUCCIÓN

Agua ¡Cuánto se ha escrito ya sobre este elemento! El agua es la cuna de toda la vida en la Tierra, cuya superficie cubre en un 75%. Es tanto un medio de transporte como de comunicación. Conforma entre el 60% y el 90% del cuerpo de los animales y es esencial e indispensable para la vida como alimento. Es también el medio ambiente natural de un gran número de criaturas vivientes. Entre los grupos eminentemente acuáticos, como los peces, hay más de 20.000 especies que viven en las aguas de nuestro planeta, y aproximadamente un cuarto de ellas reside en aguas dulces.

Pero hay muchas aguas diferentes. En el área de los 10,5 millones de metros cuadrados que comprende el continente europeo, hay un amplio espectro de tipos de agua, cuyos cursos adoptan diferentes formas. Hallamos, por ejemplo, los fríos y rápidos torrentes de montaña, los pequeños y lentos arroyos de las tierras bajas, los veloces y salvajes ríos submontañosos, llenos de corrientes y los anchos y perezosos ríos de los llanos. Entre las extensiones de aguas quietas, encontramos los fríos ojos esmeralda de los glaciales lagos de montaña, las aguas extensas y profundas de las represas, las aguas bajas, fangosas y cubiertas de plantas y hierbas de las lagunas, los pequeños estanques llenos de vegetación, los lagos en canteras abandonadas y los formados por un brazo de río, los canales de mejora, las marismas, lagunas y lagos en los estuarios fluviales de aguas dulces o salobres, los lagos costeros de agua salobre y finalmente las costas marítimas en la proximidad de los estuarios fluviales.

Muchos misterios se esconden bajo la superficie de esas aguas. En este libro hemos intentado revelar algunos de ellos, tratando de familiarizar al lector con los representantes europeos de los Ciclóstomos (de boca redonda) y peces. No nos hemos limitado sólo a las especies de agua dulce, sino que también hemos incluido especies de aguas salobres. Hemos también abarcado aquéllas que penetran en el agua salobre y dulce sólo por un periodo determinado, por ejemplo para desovar o buscar alimento.Dentro de esta amplia definición de las aguas europeas, viven 215 especies de peces que pertenecen a 29 familias. Para este libro se han seleccionado 157 de esas especies, pertenecientes a 27 familias.

■ El agua como medio ambiente

El agua dulce cubre un área de 2,5 millones de metros cuadrados en la superficie de la Tierra, lo que representa el 1,7% de la superficie del terreno seco. Unas 5.000 especies de peces viven en esas aguas, aunque obviamente no coexisten en el mismo hábitat.

Algunas especies son muy adaptables y pueden vivir en ambientes distintos, como por ejemplo el cacho.

Otras especies, en cambio, tienen requisitos de hábitat muy precisos y aun así aparecen en pequeño número en zonas muy restringidas. Un buen ejemplo de esta estrategia lo hallamos en la umbra.

La presencia de ciertas especies se ve influida no sólo por el tipo de agua, sino también por su calidad, que está determinada por su contenido mineral y de oxígeno, su temperatura y su pH, así como por sus corrientes, profundidad y extensión. La cantidad de minerales y sales disueltas determina la densidad del agua. Las diferencias entre la densidad del agua dulce y del agua salada son tan grandes que se han convertido en un obstáculo insuperable para muchas especies de peces. No obstante, hay algunas que pueden prosperar en agua salada y en las aguas salobres de los estuarios fluviales y las bahías cercanas a esos estuarios. Y hasta hay especies que suelen nadar desde el mar hacia los ríos y viceversa (por ejemplo el gobio o el espinoso). Pero muchas permanecen siempre sólo en agua dulce o en agua salada.

Las diferentes especies de peces demuestran diversos grados de tolerancia respecto a la temperatura del agua, la que a su vez está influida por la altura y la latitud geográfica. La trucha y la lota son buenos de peces que aman el frío. A la trucha de río *(Salmo trutta m. fario)* le convienen las aguas cuya temperatura en verano no exceda de los 15 °C. Cuando la temperatura alcanza los 18 °C, deja de alimentarse y se reproduce a una temperatura de alrededor de los 4 °C. También la lota desova en invierno, época en la que aparece más activa y voraz. En verano, cuando la temperatura es mayor, cae en un estado de reposo, llamada «descanso estival». El siluro y la tenca pasan el verano de manera similar.

En contraste con los peces amantes del frío, hallamos a los peces termófilos. Las carpas se desarrollan a una temperatura de 22 °C-25 °C, que sería mortal para una trucha. Cuando la temperatura baja de los 8 °C, la carpa deja de alimentarse y sobrevive al invierno sin comer, en un estado de letargo en el que la actividad cardíaca y respiratoria disminuye. Muchos peces del tipo carpa o ciprínidos, así como otras muchas especies, hibernan cuando las temperaturas caen hasta 4 °C-6 °C. El más extremo ejemplo de termofilia nos lo da una subespecie del escardino *(Scardinius erythrophthalmus racovitzai)* que vive en las calurosas primaveras de Rumania a una temperatura de 28 °C-34 °C, y que si ésta desciende por debajo de los 20 °C perece.

Muchos peces europeos de agua dulce se adaptan con relativa facilidad a la temperatura ambiente. Hay una especie importada de los Estados Unidos, el pez mosquito *(Gambusia affinis)* que puede resistir grandes fluctuaciones de temperatura. En las aguas donde vive, ésta varia desde los 0,3 ºC a los 34 ºC.

El gas más importante disuelto en el agua es el oxígeno. El contenido de oxígeno cambia de acuerdo con la temperatura, así como su consumo por los organismos vivientes. En algunos tipos de agua hay tan poco oxígeno que los peces no pueden en absoluto vivir. En otras aguas, en cambio, ese nivel decrece sólo en ciertas estaciones, habitualmente en verano. Una caída temporal en el nivel de oxígeno es paliada por los peces de diversas maneras; así, el misgurno aspira el aire de la superficie del agua y cuando ésta llega a la sección final del intestino es derivada al torrente sanguíneo. La tenca soluciona el problema absorbiendo el oxígeno a través de la piel. El carpín puede producir energía a partir de sus reservas corporales (por medio de la respiración anaeróbica). Gracias a ella puede sobrevivir hasta seis meses en el húmedo ambiente del fondo con oxígeno limitado. La acidez o alcalinidad del agua (pH) depende de sus orígenes y su entorno. Las aguas que se filtran a través de creta o piedra caliza suelen ser alcalinas, mientras que en zonas de turba son ácidas. Muchas aguas son ligeramente ácidas y, como resultado de la contaminación atmosférica debida al anhídrido sulfuroso, dicha acidez está en constante aumento. Los peces pueden tolerar generalmente ligeros cambios en el nivel de acidez, pero cuando éste es muy alto (lo que provoca un pH más bajo) causa retrasos en el crecimiento y un tamaño más reducido. Sólo pocas especies, como, el carpín y el rutilo, pueden soportar cambios substanciales en el pH. En aguas muy ácidas debido a la presencia de turba, sólo la trucha lacustre, la umbra común, el lucioperca, el carpín y quizá la tenca y el rutilo pueden sobrevivir.

Con respecto a los demás factores cualitativos, —corrientes, profundidad y extensión del medio ambiente—, son las corrientes los que tienen más importancia. En aguas quietas, el nivel del flujo acuático es nulo, mientras que las aguas con corriente en una dirección se consideran aguas fluidas. Estas últimas se dividen a su vez, de acuerdo con la rapidez de la corriente, en cuatro zonas. Cada zona se denomina de acuerdo con los peces que más típicamente la pueblan. La zona de truchas está situada en los arroyos y cursos de agua de áreas montañosas o submontañosas. Se caracteriza por el agua fría con alto contenido en oxígeno, la corriente veloz, los rápidos, las cascadas y las pozas más profundas. El fondo es arenoso o pedregoso, con abundancia de potenciales escondites. Aparte de la trucha de río, esta franja está habitada también en el coto de Siberia, la trucha de fontana, el charrasco, el piscardo, la colmilleja, el gobio y el leucisco y, en sitios más profundos, también por el barbo, el zoarces y el cacho. La exacta descripción de las especies en cualquier curso de agua se ve determinada por la posición geográfica. En la parte inferior de la zona de lampreas, durante el desove, pueden penetrar el tímalo y el salmón del Danubio. Los lucios y las percas pueden aparecer raramente en grupos en los márgenes de la zona de truchas y de la siguiente zona de tímalos.

Siguiendo el curso del arroyo abajo llegamos a esta última.

Se caracteriza por una profundidad algo mayor, corrientes más lentas y aguas más cálidas. Los peces típicos de esta zona son el tímalo, el gobio, el condrostoma, la locha, el piscardo, la trucha arco iris, el salmón del Danubio y el leucisco. La trucha de río, la trucha de fontana, el carrasco y el piscardo, provenientes de la zona de truchas, se introducen en esta franja, mientras que el barbo y el cacho nadan a veces hasta allí desde los tramos inferiores.

Al descender, alcanzamos la zona de los barbos, que está formada por ríos más anchos y profundos, en los que tramos rápidos y bajos, con fondo pedregoso, se alternan con sitios más tranquilos y profundos con fondo arenoso. En las secciones más rápidas viven el barbo, el condrostoma, la locha, el alburno y el gobio, mientras que disminuye la aparición del charrasco. En los sectores más tranquilos y profundos es posible hallar el rutilo y río más abajo en la zona de los barbos, pueden aparecer luciopercas, bremas, lucios, aspios, leuciscos y anguilas.

La última sección, ya en tierras bajas, es la zona de las bremas. Aparte de varias especies de bremas, pueden también encontrarse carpas, siluros, anguilas, lucios, idus, cachos, alburnos, gobios, luciopercas y esturiones. En viejos brazos de río suelen hallarse tencas, escardinos, ródeos, misgurnos, alburnos, rutilos y carpines. Durante el invierno el barbo y la acerina pueden descender a la zona de las bremas buscando un clima más hospitalario. Estas cuatro zonas fluviales, arbitrariamente definidas, sólo representan una guía indicativa de las diferentes secciones de un típico río europeo. Las separaciones entre zonas no son totalmente netas y hay una gran superposición de especies entre ellas. En mayor o menor medida, el hombre ha influido sobre muchos ríos europeos. En algunos lugares, sus cursos han sido modificados. En otros casos, diques y vertederos alteran los cursos de agua en los que se han introducido muchas especies ictiológicas atípicas.

Tampoco se hallan todas estas zonas en cada río. Por el contrario, algunas zonas pueden aparecer en un solo curso dos o tres veces, por ejemplo cuando se construye un dique en la zona de truchas. Cuando los caudalosos afluentes aminoran la corriente y sus aguas se vuelven más cálidas, el lugar puede convertirse en zona de bremas. Como el hombre cambia a menudo el carácter natural de los cursos fluviales y los contamina, puede también en consecuencia cambiar la composición de las especies en las zonas particulares. En nuestros días, por ejemplo, en muchos lugares de Europa una especie típica —el tímalo— ha desaparecido de su zona natural. Los peces habitan también los canales expresamente construidos. Las condiciones de vida se ven afectadas por la construcción y la función del canal. Si los canales se vinculan con cursos fluviales naturales o aguas tranquilas, las especies que habitan en estos medios penetrarán en ellos. En los canales más amplios aparecen los rutilos, las tencas, los misgurnos, los lucios y los carpines. Con frecuencia los canales se ven invadidos por las plantas acuáticas, lo que reduce su navegabilidad. Con el fin de limpiar el curso de agua, a veces se introducen especies de peces herbívoros, principalmente la carpa de la hierba. En general, sin embargo, los canales se dragan mecánicamente.

Las aguas que carecen constantemente de flujo, se denominan aguas estancadas. Hay muchos tipos de ellas pero sólo algunas pueden ser consideradas naturales. Los ejemplos incluyen los lagos de origen glacial y volcánico, así como las aguas que se forman en repliegues y fallas de la corteza terrestre. Muchas otras aguas estancadas son el resultado de la actividad humana, como por ejemplo los lagos que se forman en las canteras, minas inundadas, estanques y cisternas construidas especialmente para irrigación. Los embalses hidroeléctricos o los que proveen a las poblaciones de agua corriente, representan una etapa intermedia entre el agua fluida y el agua estancada. En algunos ambientes creados por el hombre, las condiciones para los peces son tan favorables que crecen más rápido y alcanzan mayor tamaño que si estuvieran en un medio natural. Esto se aplica sobre todo a los embalses en los valles. La construcción de nuevos tipos de ambientes acuáticos, junto con el control planificado de la pesca, puede ayudar a conservar la riqueza de las especies en las aguas de Europa. Hay quienes consideran que para aumentar esa riqueza es aconsejable la introducción de nuevas especies.

Pero hay muchos factores que afectan negativamente a la población ictiológica. La alteración de los cursos naturales, la canalización de los ríos y, sobre todo, la contaminación de las aguas, están causando en Europa la reducción del número y la riqueza de especies. Es triste constatar que debemos reiterar esta observación a lo largo de todo el texto en relación a las especies individuales.

■ Morfología de los peces

La forma del cuerpo de los peces ha evolucionado para adecuarse a su modo de vida y al medio particular en el que cada especie aparece. La densidad del agua ha tenido gran influencia en esa evolución, ya que es 775 veces más densa que el aire y su resistencia es aproximadamente 100 veces más alta. Los peces vencen la resistencia del agua no sólo por su cuerpo de forma aerodinámica, sino también por su tersura. La necesidad de minimizar la resistencia ha producido, a lo largo de la evolución del pez, numerosas adaptaciones. En el caso de los rápidos nadadores, no existe ninguna protuberancia no funcional en el cuerpo. Los opérculos están firmemente pegados al cuerpo, los ojos están dentro de las cuencas sin sobresalir del contorno corporal, e incluso las aletas pares, que no se usan para nadar rápidamente, están alojadas en depresiones del cuerpo conformadas con precisión. La silueta de tipo torpedo puede hallarse en la mayoría de los peces veloces de mar adentro y entre los peces de agua dulce en la trucha, el salmón, el hucho, el leucisco y la lisa.

La diversidad de medios de agua dulce ha producido la evolución de otras siluetas. La forma de flecha del lucio es similar a la silueta de torpedo, salvo en la posición de las aletas no pares. Estas están situadas más hacia la aleta caudal, con mayor superficie en el sector de la cola. Esto permite que el pez tome rápido impulso a partir de una posición de descanso. Las especies depredadoras territoriales que cazan emboscadas, están equipadas con esta silueta. En general, si fallan, no persiguen a su presa. Volvemos a encontrar la forma del lucio en las umbras y en el alfiler marino.

La forma más frecuente en los cuerpos de los peces de agua dulce es achatada a los lados y discoidal. Se puede hallar en los peces de aguas abiertas (pelágicos), como por ejemplo la brema, y en peces que habitan enl as profundidades (bénticos), como la platija. Los peces bénticos tienen el cuerpo achatado a los lados, como las bremas, pero cuando están en el fondo descansan sobre uno de ellos. En aguas dulces, esta conformación del cuerpo aparece solamente en la platija y el lenguado.

Por último, la conformación de la anguila aparece como altamente especializada. Difiere notablemente del clásico concepto que se tienes obre el cuerpo de los peces, ya que presenta mayor semejanza con el cuerpo de una serpiente. La anguila, las lampreas y los mixinos ostentan esas características, aunque también pueden encontrarse rastros de ellas en la lochay en el misgurno.

Todos los tipos arriba mencionados representan sólo los casos extremos.

Existe también una amplia gama de etapas intermedias determinadas por los requerimientos específicos de cada medio en particular.

El cuerpo del pez se puede dividir en cabeza, tronco y cola (Fig.1). En los peces cartilaginosos la cabeza está unida al borde anterior de la primera ranura branquial, mientras que en los peces óseos está unida al margen posterior del opérculo. El tronco termina en el orificio anal, donde comienza la cola. La cabeza comienza en la boca. Los ojos no tienen párpa-

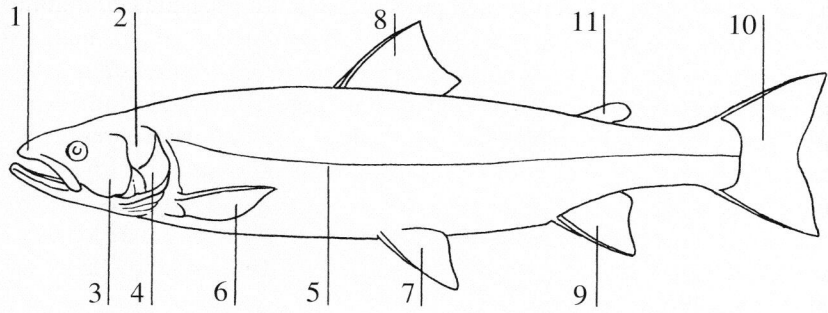

Fig. 1. El cuerpo del pez:
1. Cabeza - 2, 3, 4. Huesos de los opérculos - 5. Línea lateral -6. Aleta pectoral - 7. Aleta ventral - 8. Aleta dorsal - 9. Aleta anal - 10. Aleta caudal - 11. Aleta adiposa.

dos y en cierta medida su tamaño depende del modo de vida. La línea lateral a menudo termina en la cabeza, y en la mayoría de los peces corre por los costados hasta la cola.

Una de las formaciones más características de los peces son las aletas. Así, hallamos las aletas pectorales y ventrales pareadas y las aletas dorsales y anales que no son pareadas. Es un concepto erróneo habitual sostener que las aletas pares son esenciales para la locomoción del pez, cumpliendo la misma función que los remos de un bote. En realidad, las aletas pares controlan la dirección del movimiento, mientras que el extremo de la cola, y en particular la aleta caudal, suministran el poder de locomoción. Las aletas pareadas aseguran la posición horizontal en estado de reposo; en movimiento, sirven tanto para mantener la posición horizontal como para ejercer el control de la dirección al nadar hacia arriba o hacia abajo. Las aletas dorsales y anales se usan también para controlar la dirección, ayudan al pez a sumergirse o a salir a la superficie y dirigen la corriente de agua hacia la aleta caudal.

Existe una gran variedad de formas que han evolucionado a partir de las básicas aletas pares o impares. Por ejemplo, las familias de los salmones, tímalos, el pele d y el pez gato, poseen una pequeña aleta adiposa adicional entre las aletas dorsal y caudal. En algunas familias, la aleta dorsal tiene dos partes que, o bien se conectan (como en el caso de la familia de los Centrárquidos) o se separan (como en el caso de las familias de las percas y del abadejo). En las anguilas están ausentes las aletas ventrales y las aletas no pareadas se conectan formando una sola. En el caso de la familia del gobio, las aletas ventrales están modificadas formando una ventosa con la cual el pez se adhiere a las piedras del fondo. Como se puede ver hay muchos tipos de adaptación, casi tantas como especies de peces.

La cola de un pez comienza a partir del orificio anal y termina generalmente en una poderosa aleta caudal (Fig. 2). La aleta caudal no es uniforme en todos los peces sino que, al evolucionar, ha desarrollado tres tipos que difieren en su aspecto y en su estructura anatómica. En la mayoría de los peces, la aleta aparece más o menos simétrica (homocercos). Sin embargo, su estructura interior no es usualmente simétrica ya que las vértebras al final de la columna se doblan hacia arriba en la base de la aleta caudal. Las aletas caudales de los homocercos presentan habitualmente lóbulos simétricos. Las lampreas, por el contrario, tienen una aleta simétrica tanto en apariencia como en estructura (dificercos). En los esturiones, la aleta caudal es asimétrica (heterocercos), ya que la parte terminal de la columna se prolonga hasta el lóbulo superior. La posición, longitud y forma de las aletas son importantes características sistemáticas.

La forma del cuerpo y la posición de las aletas afectan el método y la velocidad de la natación (Fig. 3). A pesar de la amplia variedad de formas en cuerpos y aletas, así como en las posiciones de estas últimas, se pueden distinguir dos métodos de nadar. Los peces con cuerpos tipo anguila (anguila, lamprea, locha, misgurnos, siluros y lotas) nadan con movimientos serpenteantes en los que casi todo el cuerpo toma parte en la propulsión. En otras especies de peces, el movimiento comienza a partir del sector de la cola.

Para terminar, no podemos omitir una característica muy especial del cuerpo de los peces, como son las escamas (Fig. 4). Las escamas son pequeñas y finas placas óseas, una cuarta parte de las cuales está adherida a la piel. Las partes sueltas se superponen unas sobre otras, como las tejas de un tejado, y tienen la misma función protectora que la cota de mallas de un caballero medieval. Protegen a la delicada piel de eventuales daños sin llegar a estorbar el movimiento u otras funciones de la piel.

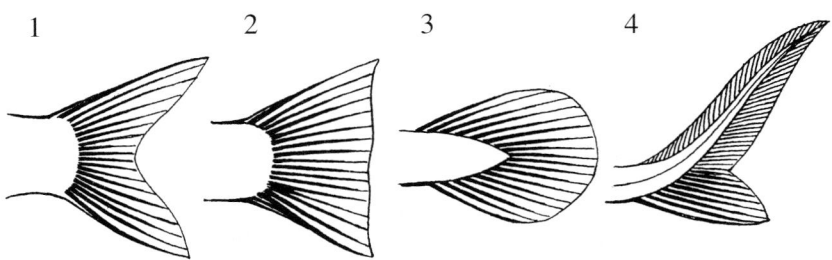

Fig. 2. Formas de las aletas caudales:
1. Aleta con dos lóbulos simétricos - 2. Aleta de terminación recta - 3. Aleta simétrica tanto dentro como fuera - 4. Aleta asimétrica.

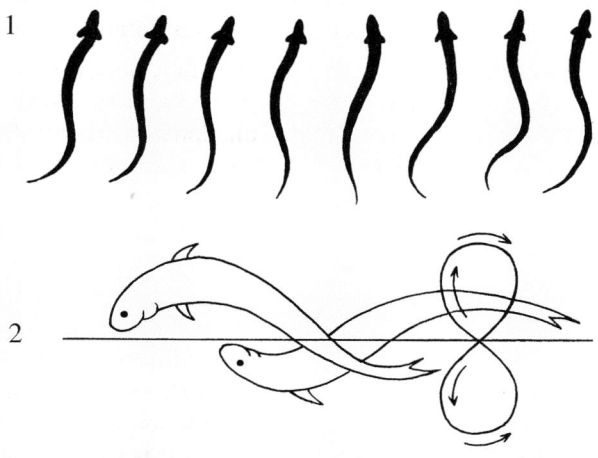

Fig. 3. Dos métodos básicos de natación:
1. Movimientos serpenteantes (anguila, zoarces, lamprea) - 2. Movimientos que se inician en la cola.

Durante la evolución se han formado dos tipos de escamas en los peces verdaderos. Las familias de las carpas y los salmones, por ejemplo, tienen escamas cicloideas, es decir, redondeadas y de superficie lisa, mientras que los peces de la familia de las percas tienen escamas ctenoideas, o sea, cuadradas y de superficie rugosa. En el caso de la primitiva familia de los esturiones, la piel está protegida por placas óseas, conectadas entre sí sobre la cabeza, o forman hileras en la espalda, los costados y el abdomen. Placas más pequeñas aparecen diseminadas sobre la piel. Estas placas sueltas pueden también hallarse en los peces óseos, por ejemplo en el gobio *(Benthophilus macrocephalus)* o en el coto de cuatro cuernos *(Myoxocephalus quadricornis)*.

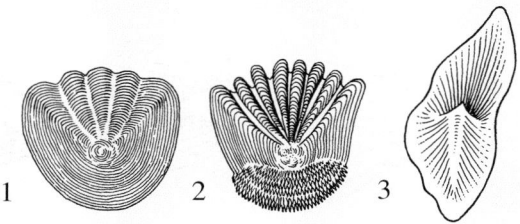

Fig. 4. Tipos de escamas de los peces:
1. Escama cicloidea - 2. Escama ctenoidea - 3. Escama de un Acipensérido.

Qué tienen los peces bajo la piel

El esqueleto de las lampreas y esturiones es cartilaginoso, diferenciándose así del esqueleto de los peces óseos (Fig. 5). El esqueleto de los peces óseos se divide en columna vertebral, cráneo y aletas. La columna vertebral forma el eje del cuerpo. Mientras la mayoría de los mamíferos tienen 32 vértebras, los peces tienen 40-80 y la Anguila hasta 200. A los costados, la musculatura está sostenida por las costillas y las espinas vertebrales. Esto facilita los movimientos laterales del cuerpo, necesarios para la natación. La musculatura más poderosa se encuentra en la sección dorsal. Aparte de las verdaderas costillas, los peces están equipados adicionalmente con costillas intramusculares falsas. Son esos minúsculos huesecillos en forma de «Y» que causan dificultades al comer pescado. El esqueleto de las aletas pectorales está firmemente pegado a los huesos de la cabeza, y el esqueleto de la aleta caudal a la columna vertebral. Los huesos de las demás aletas están fuertemente arraigados en la musculatura.

La vejiga natatoria aparece exclusivamente en los peces. Gracias a este órgano, pueden permanecer sin esfuerzo en el agua a determinadas profundidades. Mediante la transferencia de gases de la sangre, la vejiga natatoria se agranda y el pez puede nadar cerca de la superficie. Cuando el pez se zambulle, el gas es absorbido por la vejiga que lo transfiere a la sangre, aquella se encoge y el pez puede moverse a mayor profundidad sin dificultades. A través de este intercambio de gases entre la sangre y la vejiga natatoria, el pez regula su gravedad específica compensando así la presión de las aguas circundantes.

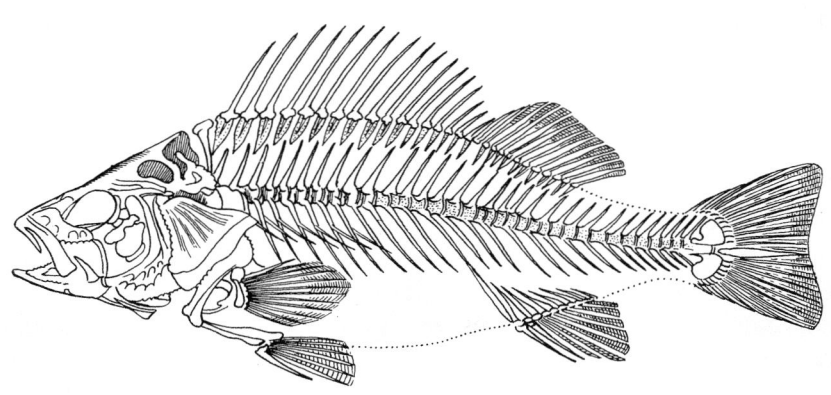

Fig.5. Esqueleto de un pez óseo.

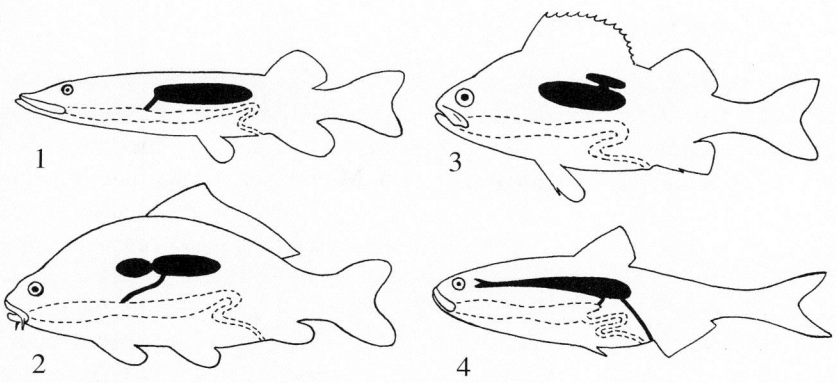

Fig.6. Formas de vejiga natatoria y su conexión con el sistema digestivo:
1. En los Esócidos - 2. En los Ciprínidos - 3. En los Pércidos - 4. En los Clupeidos.

La forma de la vejiga natatoria y su conexión con el sistema digestivo varía en las diferentes familias (Fig. 6). En la familia de los lucios, la vejiga es alargada y la parte de delante está conectada con las fauces. En los peces de la familia de las carpas hay también una conexión con las fauces, pero sólo en la segunda parte de la vejiga de doble cámara. La transferencia de gases a la cámara delantera o trasera, permite a estos peces permanecer estacionarios en el agua con la cabeza hacia arriba o hacia abajo. De este modo están en condiciones de obtener alimento tanto del fondo como de la superficie. También los peces de la familia de las percas tienen una vejiga natatoria de doble cámara, pero la cámara más pequeña se asienta sobre la más grande y no existe conexión con las fauces. En el caso de los peces que se sumergen a mayores profundidades, por ejemplo en miembros de la familia de los arenques, la vejiga natatoria está unida al tiempo con las fauces y con el medio externo. Cuando el pez desciende a las profundidades, la creciente presión del agua expulsa el gas de la vejiga, lo que le permite ir bajando sin dificultades ni daños corporales.

Durante el estadio de desarrollo larval, la vejiga natatoria logra su provisión básica de gas directamente desde el medio externo. Así las percas tienen la vejiga natatoria conectada con las fauces durante dicho estadio. Esta conexión desaparece en un estadio posterior. El llenado de la vejiga natatoria se produce varias veces por día, después que los alevines maduren. Si se ven impedidos de alcanzar la superficie durante ese periodo crítico, la provisión de gas en la vejiga natatoria será incompleta, por lo que no podrá cumplir correctamente con su función. En las especies que habi-

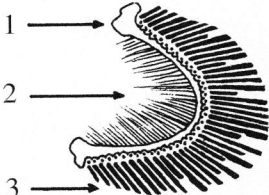

Fig. 7. Las branquias son el órgano principal de la respiración:
1. Arco de la branquia - 2. Branquispinas - 3. Láminas branquiales.

Fig. 8. Mecanismo de oxigenación de la sangre: 1. Se absorbe el agua a través de la boca abierta con los opérculos cerrados 2. Con la boca cerrada, se expele el agua a través de los opérculos abiertos.

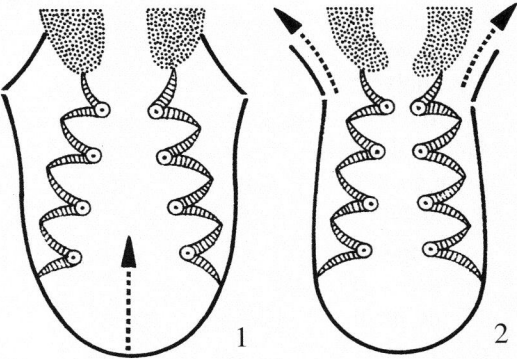

tan en el fondo, tales como el pez gato y los gobios, la vejiga natatoria ha desaparecido completamente o está substancialmente reducida.

Los principales órganos respiratorios en los peces son las branquias o agallas (Fig. 7). Están situadas en la cavidad oral y en la superficie exterior, debajo de los opérculos, aparecen las branquispinas. El arco de la branquia cumple así una función doble: el tabique recoge y filtra el alimento y las láminas branquiales transfieren el oxígeno del agua a la sangre.

La oxigenación de la sangre (Fig.8) se produce cuando el agua pasa por las branquias. Inicialmente, el agua es absorbida a través de la boca abierta con los opérculos cerrados; después la boca se cierra y el agua es expelida a través de los opérculos abiertos. Esto asegura un flujo de dirección única en las branquias. Además de este mecanismo básico de respiración por branquias, los peces tienen otros medios para superar los períodos transitorios de deficiencia de oxígeno, que ocurren principalmente en el verano. Cuando la temperatura aumenta de 5 °C a 30 °C, el contenido de oxígeno en el agua disminuye a la mitad. La reducción del oxígeno es particularmente perjudicial en aguas en las que ya era relativamente bajo desde el principio. El misgurno tiene una respiración intestinal auxiliar, la umbra utiliza su vejiga natatoria para respirar, la tenca usa su piel, y el carpín produce oxígeno a partir de substancias de reserva.

Sistemas de información

Además de vista, oído, tacto, olfato y gusto, los peces tienen otro sentido exclusivamente propio. Pueden detectar ínfimos cambios en la presión del agua causados por objetos en el medio circundante; la localización de este sentido es el órgano conocido como línea lateral (Fig. 9). En muchas especies, este notable órgano corre a lo largo del costado, de ahí su nombre. Sin embargo, en algunas especies de peces no aparece a los lados sino que se concentra únicamente en la cabeza. Cuando un pez nada, agita el agua a su alrededor. La ola de presión refleja la ausencia de obstáculos y vuelve hacia el pez, que la percibe con la línea lateral (Fig. 10). De esta manera puede evitar los obstáculos o enterarse de la presencia de alimento o depredadores, aun en aguas fangosas o en una oscuridad tan completa en la que la vista resulta inútil. En los bancos de peces mantienen el contacto entre sí con ayuda de la línea lateral.

Otro importante sentido de orientación es la vista. El ojo del pez tiene una estructura algo diferente a la del ojo de los mamíferos. El enfoque no se produce mediante la menor o mayor apertura de la pupila como en los mamíferos, sino mediante el movimiento del cristalino, que mantiene una forma constante, hacia la retina o lejos de ella. Existe una capa retiniana altamente sensible formada por células del mismo tipo que en el hombre, es decir, bastoncillos y conos. Por lo que los peces pueden también ver los colores. Esta capacidad se refleja en el colorido del cuerpo, su habilidad

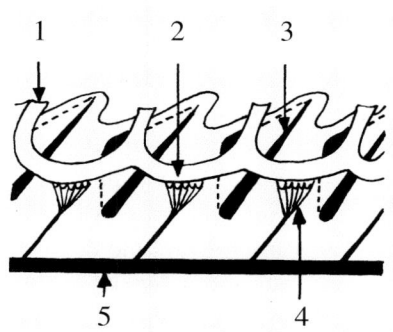

Fig. 9. La línea lateral es un sistema de poros (1) unidos entre sí por una red de pequeños canales (2) situados bajo la superficie del cuerpo a lo largo de los costados y en la cabeza. Los poros están en comunicación con el exterior (3). Detrás de ellos existen células sensoriales (4) cuya terminación conduce a un nervio (5) la información que transmite al cerebro.

Fig. 10. Al moverse, el pez desplaza el agua frente a él formando una ola de presión que detecta los obstáculos y vuelve como una ola reflectora, que percibe mediante la línea lateral.

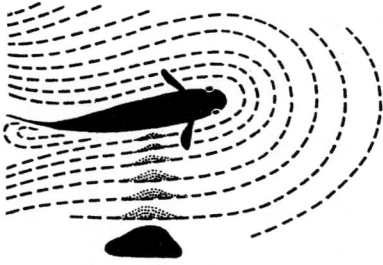

para cambiar el mismo durante el periodo reproductivo, así como las diferencias de color entre los sexos. Las especies ictiológicas que habitan las aguas claras en las que la vista reviste una mayor importancia, aparecen más intensamente coloreadas. Sin embargo, los colores brillantes tienen generalmente una función engañosa, permitiendo que el pez se confunda con el entorno. Por el contrario, los peces que habitan aguas más profundas, tienen una coloración más o menos parduzca, con el lomo más oscuro, los costados algo más claros y el abdomen mucho más claro. Muchos ciprínidos, por ejemplo, presentan esas características. Vistos desde arriba, el lomo oscuro se confunde con las aguas circundantes. Vistos desde el costado, el color se adecua al agua que los rodea. Cuando se miran desde abajo, es decir, a contraluz, el pez está nuevamente enmascarado con la coloración más clara de su abdomen.

La mayoría de los peces tienen los ojos a los lados de la cabeza (Fig. 11). Esta posición es muy apropiada para las especies que se convierten en presas, pues les permite detectar a un depredador en un amplio radio. Para los depredadores, en cambio, la posición lateral de los ojos no es apropiada. El ángulo en el cual el depredador puede ver a su presa con ambos ojos es sólo de 30 ºC. El depredador debe encuadrar su presa en un sector relativamente pequeño frente a la boca, a fin de poder juzgar con exactitud la distancia a la que se encuentra y atacar con éxito.

La diferencia entre la densidad del agua y la del aire es la razón por la que los rayos luminosos se refractan en la separación de estos dos medios, y por la que el ángulo de visión es mayor en el aire que en el agua. Este hecho coloca al pescador en una posición de desventaja inmediata, pues el pez puede verlo aunque él hombre esté situado bastante lejos del agua (Fig. 11).

El sentido del olfato es muy fino y está situado en un par de fosas olfativas sobre el hocico, frente a los ojos. Algunas especies tienen una fosa simple, cubierta por un pliegue de la piel que divide la fosa en dos partes, que a su vez se abren después en la superficie en dos orificios. A través

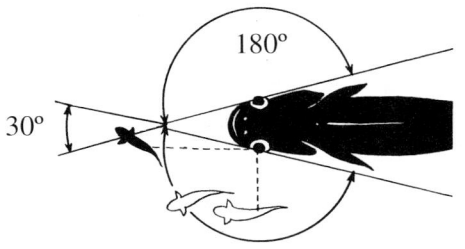

Fig. 11. La mayoría de los peces tienen los ojos situados a los costados de la cabeza.

Fig. 12. El pez puede ver a un pescador aunque éste se encuentre bastante alejado del agua.

del primero de éstos, que está más cerca del hocico, el agua entra en la fosa y sale después por el orificio trasero. En el caso de los peces gatos, las anguilas, zoarces y otras especies, los cornetes tienen forma de tubo y sobresalen de la cabeza.

El oído en los peces está situado dentro de la cabeza, conectado con el órgano del equilibrio. El «oído» no se abre al exterior a través de un canal de audición como en los vertebrados terrestres; la razón de esto es las diferentes propiedades del agua como medio de transmisión del sonido. Dado que el cuerpo del pez contiene gran cantidad de agua, los fluidos corporales participan en la transmisión del sonido desde las aguas circundantes al oído. En muchas especies, especialmente en las de agua dulce, el sistema auditivo está conectado con la vejiga natatoria, lo que produce la amplificación del sonido.

Para muchos de nosotros, el medio acuático está relacionado con el concepto de «el mundo del silencio». Sin embargo, si nos sumergimos bajo la superficie, esa idea desaparece de inmediato. Como los peces, podemos oír el chapoteo de los depredadores que salen a cazar, los chasquidos que producen las carpas al aspirar, el crujido que se percibe cuando trituran las conchas de los moluscos con los dientes. Uno se convence así de inmediato que no sólo los peces oyen, sino que producen sonidos. El misgurno hace chasquidos cuando absorbe aire de la superficie y silba al expulsarlo por el ano. El siluro emite gruñidos y tamborileos por medio de la vejiga natatoria. Tal vez esta sea una de las formas en que el pez busca su pareja.

La exacta posición de los órganos del gusto en el pez es todavía desconocida. En un principio muchos negaron que los peces tuvieran percepción gustativa. Sin embargo, los experimentos han demostrado que, al igual que el hombre, los peces pueden distinguir cuatro sabores básicos. Se han encontrado células gustativas en la boca y sus alrededores, aunque en algunas especies también han sido halladas fuera de la cabeza y en la epidermis. Las barbillas sensoriales que algunos peces poseen es posible que les permitan también apreciar los sabores.

Con su sentido del gusto y del olfato, los peces están en condiciones de percibir la composición química del agua. Este hecho es de fundamental importancia en el caso de las especies migratorias, por ejemplo los salmones, que para reproducirse buscan el mismo río en el que fueron desovados. La capacidad de distinción, de las células gustativas y olfativas es tan grande en estos peces que pueden hallar su río natal incluso desde enormes distancias.

▪ Alimentación

Los peces pasan comiendo gran parte de su vida. Muchos de ellos son carnívoros, devoran pequeños organismos vivientes y salen a cazar otros peces. El alimento está distribuido en toda la masa de agua y en el fondo, por lo que las diferentes especies se han adaptado de muchas maneras a la variedad de sitios y fuentes de alimento.

Observemos primero el fondo: allí viven larvas de insectos, moluscos y gusanos; también crecen algas y plantas acuáticas. La vida animal del fondo (bentos) es preferida, por ejemplo, por el pez gato, que busca preferentemente los animales que se esconden bajo las piedras. Por el contrario, las lochas con forma de serpiente encuentran alimento entre las piedras, y la boca protuberante de la carpa y de la brema busca su sustento en los sedimentos del fondo. Antes de absorberlo, lo aplastan y filtran con los llamados dientes faríngeos. Las partes no digeribles del alimento son desechadas y vuelven a caer al fondo. También el condrostoma busca su alimento en el fondo; consiste principalmente en algas, que arranca con su fuerte y aguda quijada inferior. Después de haber comido, quedan claros signos de su paso en la vegetación. También las lisas comen plantas acuáticas de manera similar. A pesar de que tanto el condrostoma como la lisa tienen una dieta eminentemente vegetal, sin advertirlo ingieren muchos pequeños animales. En comparación con las especies carnívoras, los peces hervíboros necesitan más tiempo e intestinos más grandes para procesar la resistente celulosa de las plantas.

En aguas abiertas se encuentran minúsculos organismos vegetales y animales (fitoplancton y zooplancton). Los peces que se alimentan con ellos son planctonívoros. El peled, por ejemplo, filtra el zooplancton del agua a través de un aparato formado por las densas y largas branquispi≠nas, en la parte interior del arco de la branquia. La carpa plateada filtra el fitoplancton del agua, mientras que su pariente, la carpa de cabeza grande, consume ambos tipos de alimentos planctónicos. Las especies depredadoras más grandes comen alevines de peces más pequeños. En aguas abiertas, el ciprínido aspio caza peces más pequeños, no depredadores, de su misma familia. El veloz hucho caza en pequeños ríos de submontaña. Ambas especies tienen un territorio de alimentación bien definido. El lucio y la umbra no persiguen a su presa, sino que se agazapan entre las plantas desde donde surgen veloces como un dardo para atraparla. En cambio, la perca caza en cardúmenes organizados.

También hay alimento sobre la superficie del agua, o algo más arriba: insectos acuáticos y terrestres que caen en la superficie o que vuelan cerca de ella, son una oportunidad alimenticia para especies como el alburno o el peleco.

Muchas especies usan diversas estrategias alimenticias y pueden ser consideradas como condicionadas. La trucha de río, por ejemplo, encuentra alimento tanto en el fondo, en el que recoge insectos, como en la masa de agua, en la que caza peces. Puede también nadar hasta la superficie para atrapar un insecto ahogado, o saltar fuera del agua para cazar una mosca incauta.

La boca de los peces ha sufrido una evolución que ha dado como resultado diferentes posiciones (Fig. 13) que se adaptan a la forma de obtención del alimento de cada especie. Los peces que cazan o se alimentan en la masa de agua, por ejemplo la trucha o el cacho, tienen boca terminal. Los peces que se alimentan generalmente en el fondo, tienen boca ventral o inferior, como por ejemplo la vimba o el condrostoma. Los peces que se alimentan en la superficie, tienen una boca dorsal o superior, incluyéndose en esta categoría el escardino, el peleco y el alburno.

Las especies de peces que viven en el fondo tienden a tener cuerpo cilíndrico, como el gobio, o forma de tipo reptil como la locha y la Anguila. Encontramos un cuerpo de forma muy diferente en los peces chatos, que poseen un cuerpo comprimido lateralmente y que descansa sobre uno de sus costados.

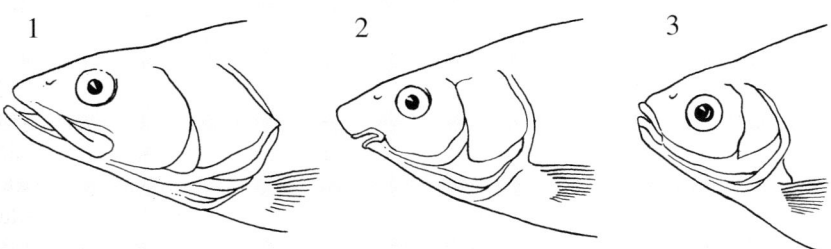

Fig. 13. Posiciones de la boca de los peces: 1. Terminal - 2. Inferior - 3. Superior.

Los peces que viven en la columna de agua, pero se alimentan en el fondo, generalmente tienen el vientre chato y el lomo arqueado, como podemos ver en carpas y esturiones. La boca es ventral y varía en su forma, en trompa y protuberante, como en el esterlete, la carpa o la brema, o como una muesca en el caso del condrostoma, o bien la boca béntica —profunda— de otros esturiones. Entre otras especies que se alimentan cerca de la superficie, tales como el alburno y el peleco, que tienen boca dorsal, podemos hallar un lomo más o menos recto y un abdomen marcadamente arqueado.

Las distintas especies tienen también diferentes regímenes alimenticios. Mientras el gobio se alimenta copiosamente durante todo el año, su pariente cercana la carpa es más activa en el verano. La lota, en contraste, caza más activamente en invierno, mientras que la tenca duerme durante el invierno y el verano, por lo que le quedan la primavera y el otoño para engordar. El salmón no caza durante la migración al lugar de desove, mientras que la lamprea adulta no come en absoluto. Es decir, que cada especie tiene sus propias y diferentes características, y no todas pueden ser mencionadas aquí. Pero nos familiarizaremos con ellas en detalle cuando pasemos revista a cada una en forma particular.

■ Reproducción y cuidados paternos

Después de la alimentación, la reproducción es la manifestación más importante de la conducta de los peces. Mientras el alimento asegura la supervivencia de cada individuo, la reproducción asegura la supervivencia de la especie en su conjunto.

Al lego le llama habitualmente la atención la enorme producción de huevos en algunas especies. La lota de agua dulce, por ejemplo, produce hasta tres millones de huevos, mientras que la lisa alcanza los siete millones. Los huevos flotan libremente, suspendidos en el agua, sin ningún cuidado o protección por parte de los padres. La gran mayoría de los huevos y peces larvales perecen, pero la aparente superproducción asegura que por lo menos una pequeña proporción sobreviva.

Las especies entre las que existe el cuidado paterno tienden a producir muchos menos huevos. El pequeño ródeo puede permitirse poner sólo 40-100 huevos, porque los deposita en las valvas de los mejillones como medida de seguridad. Por su parte, el macho del espinoso, construye un nido con plantas acuáticas, que se asemeja al de un pájaro. La hembra deposita en él 60-600 huevos que son cuidadosamente vigilados por el macho, que se ocupa también de los alevines cuando nacen. En muchas especies de peces, es el macho el que se encarga de cuidar los huevos y las crías. En términos de igualdad de derechos, los alfileres han hecho los más grandes progresos. La hembra pone 50-300 huevos en la bolsa abdominal del macho, que los lleva hasta que se abren. Los peces vivíparos brindan la mayor seguridad a sus huevos, pues la fertilización y el desarrollo de los jóvenes ejemplares se produce dentro del cuerpo de la hembra. En el caso del pez mosquito, el macho transmite el esperma mediante radios metamorfoseados de su aleta anal (gonopodio). Posteriormente la hembra da a luz hasta 50 ejemplares jóvenes, ya totalmente formados.

Algunas especies emigran corriente arriba buscando tramos más altos para desovar, asegurando así las condiciones ideales para el desarrollo de los huevos y los alevines. La trucha de río, por ejemplo, abandona su sector nativo en el arroyo poco antes del desove y nada corriente arriba hacia los sitios en que el agua es clara, rica en oxígeno, y existen pocos depredadores. En el caso de la trucha de río, esta migración es relativamente corta, pero hay especies que emigran varios cientos de kilómetros para desovar, teniendo a menudo que superar numerosos obstáculos en ese proceso. El salmón, pariente de la trucha de río, emigra desde el mar hasta alcanzar los tramos más altos de los ríos (migración anádroma). En realidad, vuelve a su río natal; lo localiza por el sabor y el olor del agua, aunque estén diluidos en una proporción de uno a un millón.

Algunas especies de lisas y la anguila emigran de las aguas dulces al mar para desovar (migración catádroma). La anguila debe nadar varios miles de kilómetros hasta llegar a su sitio de desove en el mar de los Sargazos.

En comparación, los gobios y los peces gato son bastante sedentarios. No abandonan su hábitat predilecto en ningún momento de su vida y en realidad muchos peces desovan cerca de sus hogares. En la mayoría de los casos ponen sus huevos sobre plantas acuáticas, ramas, raíces, piedras, o en la grava y la arena del fondo. Los huevos son viscosos y generalmente se adhieren al substrato o fondo. El tiempo de desarrollo depende de las especies y de la temperatura del agua. Los huevos de la trucha de río necesitan de 120 a 150 días a una temperatura de 1 °C a 6 °C, mientras los de las carpas precisan sólo unos pocos días a una temperatura de 18 °C a 20 °C. Como regla general, a mayor temperatura más rápido es el desarrollo de los huevos.

Después de romper los huevos, las larvas descansan hasta haber digerido las reservas de alimento de su saco vitelino. En las especies que adhieren sus huevos a las plantas u objetos similares, las larvas cuentan a menudo con un órgano viscoso para pegarse al substrato. Las larvas de los peces que desovan en el fondo tienden a esconderse en hoyos o entre las raíces de las plantas acuáticas. Después de digerir el saco vitelino, los alevines se alejan nadando y comienzan a alimentarse activamente.

La importancia de la temperatura del agua para la vida de los peces ha sido ya mencionada varias veces. En muchas especies, un aumento en la temperatura es la señal del desove; por ejemplo, para la anguila, la temperatura debe subir por encima de los 20 °C. Las especies termófilas comienzan a desovar cuando aumenta la temperatura; las especies amantes del frío, por el contrario, cuando aquella desciende. La trucha de río y el zoarces, por ejemplo, desovan a temperaturas que van de 1 °C a 6 °C. Pero la mayoría de las especies no tienen requisitos tan estrictos en cuanto a la temperatura del agua, y desovan generalmente en primavera.

Las especies que desovan en parejas tiene con frecuencia un colorido muy llamativo, especialmente los machos (por ejemplo la vimba, el espinoso, el pez sol, etc.). El desove de estas especies es precedido siempre por un largo y complejo ritual de posturas y movimientos. Los peces que desovan colectivamente desarrollan una papilas epidérmicas de color blanco, cuya misión es la de sensibilizar la superficie del cuerpo, aumentando así el efecto estimulante del contacto mutuo y facilitando el proceso de desove. Muchos peces necesitan condiciones ambientales precisas y estables antes de poder reproducirse. No es sorprendente que muchos sitios de desove hayan desaparecido como consecuencia de la actividad humana, por ejemplo, la canalización de cursos y la construcción de diques. Además, la contaminación de las aguas ha causado un grado tal de deterioro que muchas especies no pueden reproducirse y están amenazadas de extinción.

En el caso de especies de importancia económica, el hombre trata de paliar la disminución de la población natural mediante la creación de condiciones artificiales de reproducción, produciendo así alevines que después son trasladados a aguas abiertas. En cambio, para las que no revisten importancia económica, la alteración de las condiciones puede representar la muerte.

■ Madurez

La tasa de crecimiento de los peces depende de la cantidad de alimento, lo que a su vez está relacionado con la temperatura. Como regla general, en los sistemas de agua dulce hay más alimento que en las aguas más cálidas, por lo que las especies que las habitan crecen más rápido y alcanzan mayor tamaño. Hay, sin embargo, excepciones a esa regla. En la sección referida a la alimentación, se mencionó que la lota busca su alimento generalmente con temperaturas frías y que la tenca no crece durante los cálidos meses de verano, pues en esa época entra en letargo. Hay una considerable variedad de temperaturas en toda el área geográfica europea a lo largo del año. Como es natural, el agua más fría se encuentra en cursos de montaña, que también son relativamente pobres en términos de alimento. Por esa razón, la trucha de río que habita en esas zonas sólo alcanza una longitud de 15 cm a 17 cm, mientras que las truchas de alturas menores, y por ello más cálidas llegan a medir más de 20 cm. De esto se desprende que los peces de la misma especie se desarrollan más rápidamente en aguas más cálidas y logran mayor tamaño, siendo la razón de esto la mayor provisión de alimento así como el periodo de alimentación extendido a una mayor parte del año. El crecimiento del pez depende no sólo de la cantidad de alimento, sino también de la abundancia de bocas competidoras. Por ejemplo, cuando más carpines haya en un estanque habrá menos alimento disponible para cada pez, y su crecimiento será más lento. Sin embargo, el crecimiento de cada especie en particular está más o menos definido dentro de límites hereditarios. Por esta razón, el gobio de Panizza sólo alcanza de 3 cm a 5 cm, llegando raramente a los 6 cm. El pez mosquito macho crece hasta los 4,5 cm o 7 cm y el alburno rayado hasta 5-6 cm. Estas son las especies de peces europeos más pequeñas y no crecerán más aun en condiciones ideales y sin importar la edad. En el pasado, la especie europea más grande era el esturión gigante. En agua dulce se solían apresar ejemplares de 5-8 m de largo y de 1.200 kg a 1.500 kg de peso. Pero la pesca abusiva y otras actividades humanas perjudiciales, han dado como resultado una reducción en el tamaño de las piezas, que alcanzan ahora 2 m a 3 m de largo y pesan de 65 kg a 150 kg. Debido a ello, hoy en día el siluro es considerado el gigante de las aguas dulces. Lamentablemente, muchos peces no tienen tiempo para alcanzar tamaños máximos pues antes de ello son capturados por los pescadores.

La edad de un pez está estrechamente relacionada con su tamaño. Como regla general, cuanto más pequeña es una especie, más corta es la vida de sus componentes. Las especies pequeñas mencionadas más arriba viven sólo de uno a tres años. En contraposición, se han hallado ejemplares de esturión gigante de 78 años y el siluro puede llegar a los 80 años. Muchos peligros acechan a los peces en condiciones naturales, por lo que la mayoría de ellos no mueren a edad avanzada. La edad de un pez se determina después de su captura, lo que generalmente indica que se ha puesto fin a su vida prematuramente.

En Checoslovaquia se lograron dos edades récords en condiciones artificiales. La primera fue con una trucha de río que vivió 40 años en un vivero. La segunda fue una anguila, que vivió 65 años en una alberca. El hecho de evitar que la anguila emigrara hacia el mar para desovar prolongó su vida varias décadas. Sin embargo, a pesar de la respetable edad alcanzada, ninguno de los dos ejemplares mencionados tuvo gran tamaño.

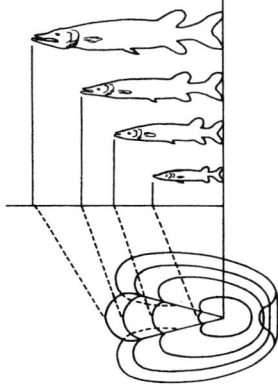

Fig. 14. Determinación de la edad de un pez por las escamas: Cada par de círculos concéntricos corresponde a un año de vida.

A qué pescador no le interesa determinar la edad de su pieza? Si el pez tiene escamas, su edad se puede determinar bien sin necesidad de matarlo (Fig. 14). En efecto, las escamas crecen en círculos concéntricos a semejanza de los anillos que indican la edad de los árboles. En un periodo de alimento abundante, estos círculos están muy separados, mientras que en épocas de escasez, como sucede generalmente en invierno, los círculos son más densos y están más juntos. De esta manera, pares de círculos claros y oscuros se alternan en las escamas, correspondiendo a los veranos e inviernos pasados, indicando cada par un año de vida.

Como la tasa de crecimiento de los peces es más o menos uniforme, es posible calcular la de un determinado ejemplar a partir de su longitud y su edad. Este cálculo retrospectivo resulta útil para los criadores de peces al evaluar las condiciones imperantes en medios naturales o en los criaderos. El conocimiento de las tasas de crecimiento, en ríos o en viveros, permite elegir las especies más adecuadas para criar, o tomar medidas para mejorar las condiciones del medio ambiente.

DESCRIPCIONES ILUSTRADAS

Mixino

Myxine glutinosa

El mixino está distribuido a lo largo de las costas europeas del Océano Atlántico desde Murmansk hasta la costa oeste del Mediterráneo, así como a lo largo de la costa atlántica de América del Norte.

Aparece principalmente en la franja litoral a una profundidad de 20 m a 60 m, en donde lleva una forma de vida típicamente parasitaria. Prefiere los sitios con corrientes marinas que le llevan el olor de los alimentos. Durante el día se entierra en la arena, dejando sobresalir solamente la cabeza, y saliendo a nadar en busca de comida sólo durante la noche. Durante el día consume diversos animales invertebrados, aunque su dieta principal consiste en peces. Se trata no sólo de los peces que nadan alrededor libremente, sino también de los que están enfermos, muertos o apresados en redes. Los muerde y devora la carne y las vísceras. Primero rompe la piel con su lengua dentada y después arranca los músculos. Para lograr el grado de tracción necesario, forma un nudo con el cuerpo, apoyando el lazo contra la superficie del pez. La amplia apertura oval en el costado de la parte anterior del cuerpo es el orificio branquial de salida. Su ubicación alejada de la cabeza, mucho más que en otros peces, representa su adaptación a su modo de vida parasitario. Mientras se alimenta, hunde la cabeza parcialmente en el cuerpo de su presa. A menudo ataca en grupo a los peces. Se conoce un caso en el que se hallaron 213 mixinos sobre un abadejo capturado.

Cuando el mixino madura alcanza de 25 cm a 28 cm. Se aleja de la costa para desovar, descendiendo a mayor profundidad, depositando de 20 a 30 grandes huevos en el fondo. No tiene una estación determinada para reproducirse, y el desove se realiza en cualquier época del año. Desde el punto de vista económico, es una especie dañina que perjudica y mata a los peces apresados por los equipos de pesca.

Myxinidae

El mixino (1) tiene un cuerpo alargado semejante al de una serpiente. La piel es lisa y sin escamas, cubierta por una gruesa capa de mucosidad. No tiene ojos, mandíbulas o aletas pares. Habitualmente alcanza una longitud de 30 cm a 40 cm y un peso de 0,5 kg, aunque más raramente puede medir hasta 60 cm. La boca (3) no tiene dientes y está rodeada por cuatro pares de protuberancias carnosas con las que se adhiere al cuerpo de los peces (2). Con su fuerte lengua equipada con dientes en forma de cuernos penetra en el interior de su presa. Los huevos (4) están contenidos en cápsulas alargadas, enlazadas entre sí, provistas de pequeños dientes. Mediante ellos, los huevos se adhieren al fondo y entre sí.

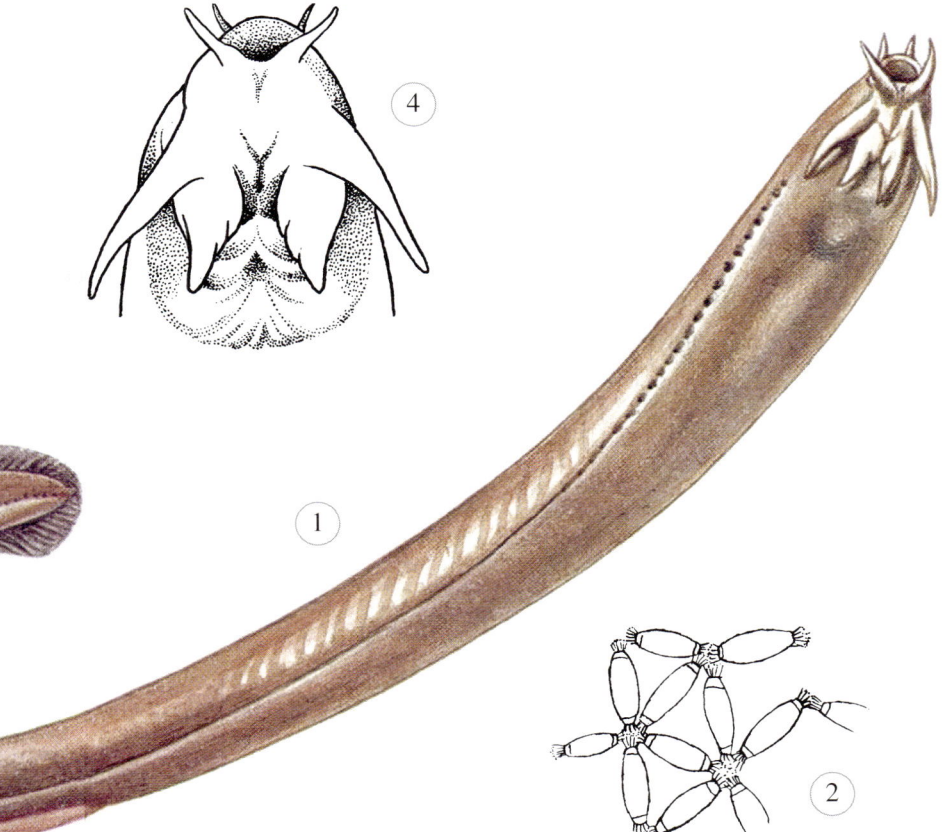

Lamprea de Planer, Lampreílla
Lampetra planeri

La lamprea de Planer habita en arroyos y pequeños ríos que desembocan en el mar del Norte y en el Báltico. En 1969 se descubrieron ejemplares también en la zona del mar Negro, en la cuenca del Danubio. Pasa la mayor parte de su vida enterrada en las capas arenosas de las zonas bajas, abandonando su refugio muy raramente y sólo por la noche.

Sólo es posible verlas en el fondo de las aguas abiertas de abril a junio, durante el periodo de desove. En ese momento las lampreas de Planer se reúnen en gran número en los sitios de desove, en donde la hembra excava fosos —nidos para los huevos— en las aguas poco profundas de los arenales. La hembra se adhiere a una piedra cerca de su futuro nido mediante el disco oral y, con un movimiento ondulante, arremolina la arena que es llevada por la corriente. Con la cabeza hace rodar las piedras más grandes. Los machos llegan al lugar del desove cuando el nido está listo. Poco después del desove, los padres perecen por agotamiento.

La lamprea de Planer adulta no come y su sistema digestivo está atrofiado. Alcanza normalmente los 12 cm a 16 cm de largo. Las larvas son ligeramente más grandes que los adultos, pues miden hasta 18 cm antes de la metamorfosis. En razón de su pequeño tamaño y su poco frecuente aparición, la lamprea de planer no reviste importancia económica.

La lamprea del Danubio *(Eudontomyzon danfordi)* habita en los tramos superiores del Danubio y sus afluentes, así como en ríos al suroeste del mismo. Vive de 4 a 5 años en estado larvario en las capas arenosas del fondo, donde se alimenta de detritus y pequeños organismos. Los especímenes adultos se adhieren con la boca a los peces, tanto vivos como muertos, alimentándose con su sangre y su musculatura. Las lampreas del Danubio desovan colectivamente en el segundo año de su vida adulta, después de lo cual mueren. Tampoco esta especie tiene importancia económica.

2

El desove de la lamprea del Danubio es similar al de la lamprea de Planer. Las parejas nadan primero alrededor de sí mismas sobre el nido y después la hembra se adhiere con la boca al borde del nido.

Peyromyzonidae

El macho enrosca entonces su cuerpo alrededor de la hembra de manera que sus orificios sexuales estén en contacto. Mientras hace esto, el macho se aferra a la nuca de la hembra con su disco oral (1). El desove se demora más de una semana y habitualmente se ponen unos 1.500 huevos. Los machos se diferencian de las hembras por tener un borde anal más pequeño y una papila urogenital alargada en forma de tubo. La lamprea del Danubio (2) se diferencia de la lamprea de Planer por su mayor tamaño y los lóbulos divididos de la aleta dorsal. Alcanza una longitud de 15 cm a 26 cm y pesa unos 40 g a 60 g. El disco oral de la lamprea de Planer adulta (3) no se utiliza para comer y tiene sólo un pequeño número de dientes romos. Por el contrario, la parasitaria lamprea del Danubio tiene boca funcional, con gran número de dientes agudos (4) en el disco oral.

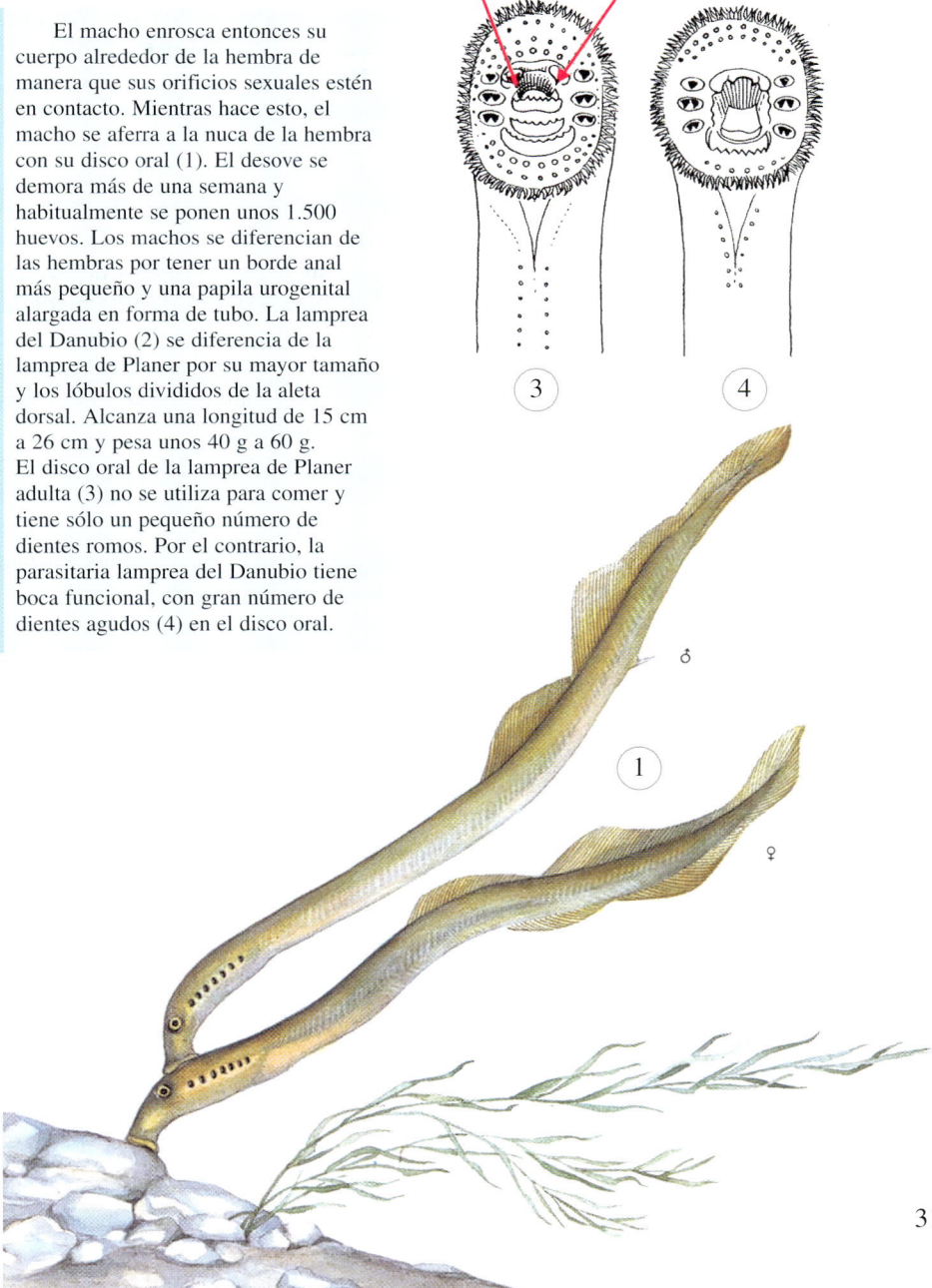

Lamprea de río

Lampetra fluviatilis

La lamprea está diseminada a lo largo de las costas del Báltico, el litoral del sur de Noruega y las Islas Británicas, así como en toda la extensión de la costa Atlántica hasta el este de Italia en el Mediterráneo y también en los ríos de esta región. Existen poblaciones aisladas que habitan permanentemente en las aguas dulces de los lagos Ladoga y Onega.

En la costa del mar, la lamprea vive de uno a dos años. Las lampreas sexualmente maduras emigran colectivamente a los ríos de agosto a noviembre para desovar. Una pequeña parte de la población no emigra hasta principios de la primavera del año siguiente. Durante esa migración no comen y sus órganos digestivos degeneran. Su color se transforma en un bronce metálico, y los agudos dientes originales se vuelven romos, aumentando de tamaño en la hembra la aleta anal.

El desove comienza en febrero en los tramos superiores de los ríos, empezando por las lampreas que han pasado allí el invierno. La hembra excava una depresión en el lecho de arena o de grava con su aleta anal agrandada. Se adhiere entonces a una piedra, cerca del borde del nido recién construido, con la cabeza puesta contra la corriente. El macho se pega con la boca a su nuca y se enrosca a su alrededor de manera que sus orificios sexuales estén en contacto. La hembra pone de 4.000 a 40.000 huevos.

Después del desove, tanto el macho como la hembra mueren. Las larvas salen de los huevos y viven enterradas en la arena del lecho del río, alimentándose con desechos orgánicos. El desarrollo larvario dura entre 3 y 5 años. Al alcanzar un largo de 9 cm a 15 cm, se produce la metamorfosis de larva a adulto y el ejemplar metamorfoseado emigra al mar. La carne de la lamprea es sabrosa y grasa. Son capturadas durante la migración, especialmente en los ríos que desembocan en el Báltico.

3

La lamprea (1) tiene el cuerpo conformado como una serpiente, con una aleta dorsal dividida. Durante el periodo de desove, las dos partes de la aleta de la hembra se agrandan y se unen. La cavidad oral está provista de dientes (2) y hay siete aberturas branquiales en la superficie de la piel. Las Lampreas alcanzan una longitud de 30 cm a 40 cm y llegan a pesar unos 350 g; en casos excepcionales, miden 50 cm de largo y pesan 700 g.

Petromyzonidae

Se alimentan de invertebrados marinos y peces muertos; también son parásitos de peces vivos, adhiriéndose a ellos con su disco oral.

Los dientes agudos rompen la piel y las glándulas orales sueltan una secreción sobre la herida que impide la coagulación de la sangre. Pueden entonces succionar la sangre, los fluidos corporales y la musculatura dañada en la herida. La larva de la lamprea (3), que antiguamente se describía como un género separado *(Ammocoetes)*, es ciega y tiene la boca desdentada en forma de herradura (4), y las aberturas de las branquias están ocultas por un pliegue de la piel.

33

Lamprea de mar

Petromyzon marinus

La lamprea de mar habita la costa atlántica de Europa, desde el mar de Barents en el norte hasta Italia en el Mediterráneo; y en América en la costa del Atlántico norte, desde Nueva Escocia a Florida.

Vive en la zona litoral marítima a una profundidad de 500 m. En primavera, las lampreas de mar sexualmente maduras emigran hacia los ríos en donde desovan desde mayo a junio en la corriente o en los lechos de piedra o grava. La hembra prepara un nido para los huevos antes que se produzca el desove, que consiste en una depresión de hasta 2 m de largo y 1 m de ancho en el lecho. Al formar el nido, la hembra se demuestra capaz de hacer rodar piedras de hasta 1 kg de peso, apartándolas del lugar elegido en donde pone entre 34.000 y 150.000 huevos transparentes. Durante la migración y durante el desove mismo, la lamprea de mar no se alimenta y muere por agotamiento después del desove. Pero hay una proporción que desovan en las costas. Estos ejemplares sobreviven al desove, y vuelven a desovar varias veces en el mar.

La larva sale después de 1-2 semanas y es ciega. En esa etapa tienen boca sin dientes y en forma de herradura. En los ríos, permanecen en el lecho de los tramos fangosos, alimentándose de microplancton filtrado del agua. Entre los dos y los cinco años alcanzan un tamaño de 15-20 cm y se metamorfosean, migrando hacia el mar en donde parasitan a los peces. A los tres o cuatro años alcanzan su madurez sexual y vuelven a emigrar hacia los ríos para desovar.

En el pasado, la pesca de la lamprea era una importante actividad. Lamentablemente, debido a la construcción de obras hidráulicas, muchos ríos han dejado de ser propicios para el desove, por lo que el número de lampreas de mar ha disminuido, y con ello también su importancia económica. Otro factor que reduce la población de lampreas es la contaminación fluvial.

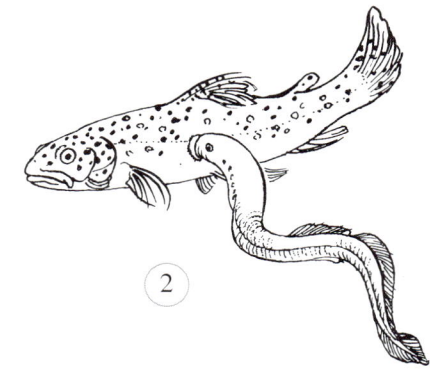

La lamprea de mar (1) es la especie más grande de la familia de los Petromizónidos. Alcanza una longitud de 50 cm a 80 cm y un peso de 3 kg. Se alimenta con la sangre y la carne de los peces (2), pegándose al cuerpo de ellos con su disco oral. Así rompe la piel y los músculos con sus dientes agudos y su lengua; después chupa la sangre y tritura la musculatura usando su lengua como un pistón.

Petromyzonidae

En contraposición con las lampreas del género *Lampetra*, la lamprea de mar tiene el disco oral (3) con una placa corta provista de dos dientes fuertes y agudos, situados uno al lado del otro. En el disco oral aparecen dientes suplementarios dispuestos en forma radial.

Esterlete

Acipenser ruthenus

El esterlete vive en los ríos que desembocan en el mar Caspio, el mar Negro y el mar de Azov, así como en los afluentes de los lagos Ladoga y Onega. En los ríos que desembocan en el Ártico, aparece del Ob al Kolyma. Ocasionalmente aparece también en los estuarios fluviales del mar de Barents, por ejemplo en el Dvina del Norte.

Es el único miembro del género *Acipenser* que vive permanentemente en agua dulce. Habita los sitios más profundos en el curso principal de un río, aunque suele penetrar en los tributarios. Pasa el invierno en estado de reposo, sin alimentarse, en las profundidades de los sectores más bajos del curso. Durante los meses primaverales emigra hacia tramos más altos para desovar. De marzo a junio, las hembras ponen de unos 11.000 a 140.000 huevos viscosos. Durante los primeros nueve años de vida, cuanto mayor es la hembra, más huevos produce; pero a partir de ahí, el número de huevos disminuye regularmente. Las hembras abandonan el sitio de desove después de desovar, mientras que los machos permanecen más tiempo y desovan con otras hembras.

Los pececillos recién nacidos son arrastrados por la corriente hacia los tramos más bajos, en donde permanecen y se alimentan activamente de pequeños invertebrados. Los peces adultos comen la fauna béntica. Durante la noche emergen de las profundidades y nadan hacia la orilla para cazar insectos. Como la boca está en la parte ventral de la cabeza, para coger la presa deben ponerse panza arriba.

El esterlete es un pez muy apreciado por los pescadores. Se cruza con ejemplares de especies afines, y como los híbridos viven permanentemente en agua dulce resultan sumamente adecuados para repoblar lagos, diques y estanques.

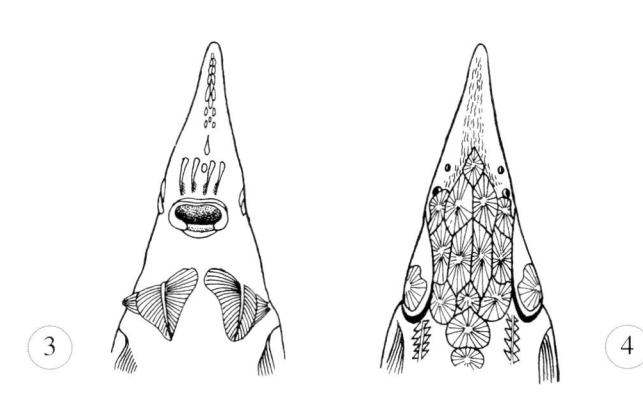

Acipenseridae

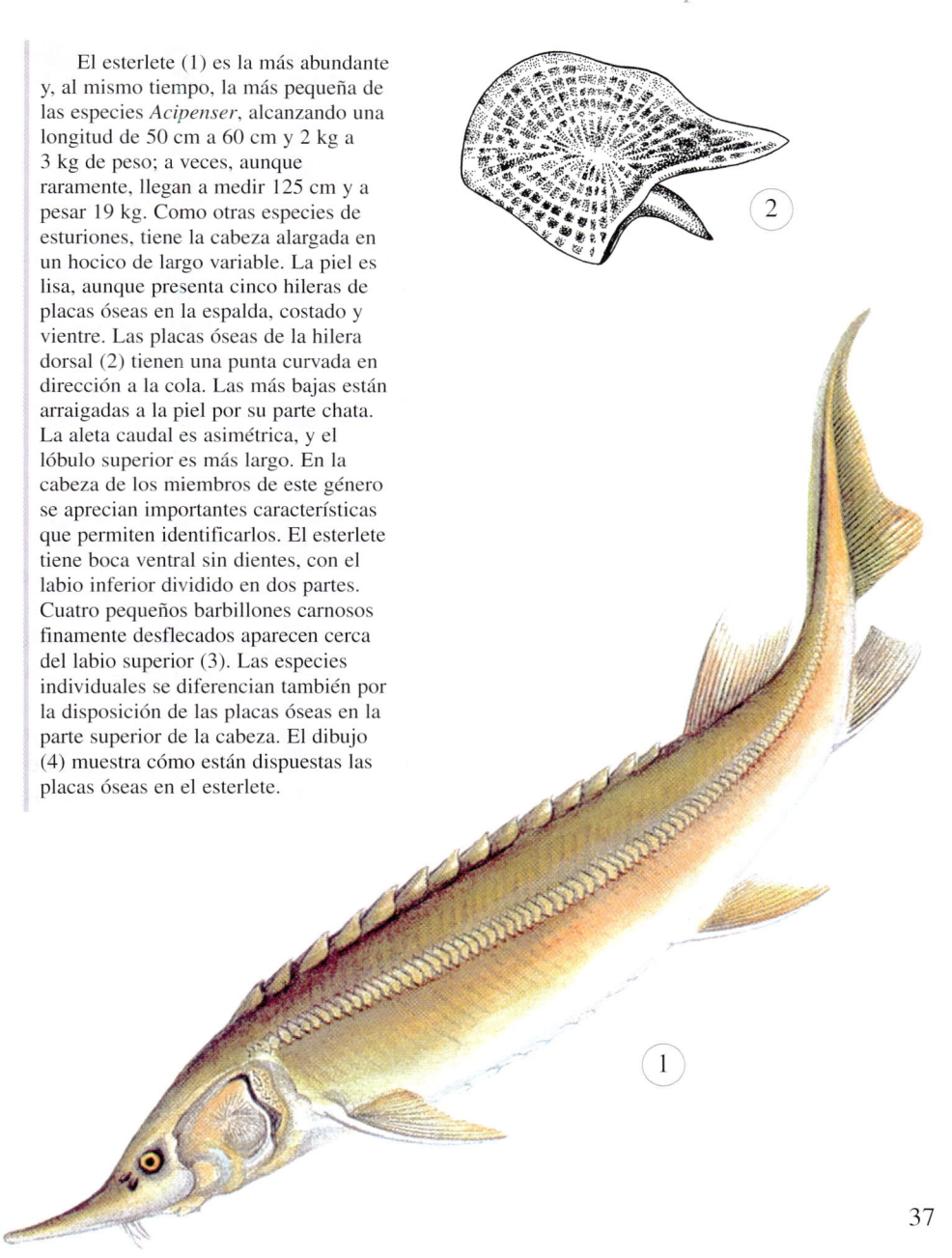

El esterlete (1) es la más abundante y, al mismo tiempo, la más pequeña de las especies *Acipenser*, alcanzando una longitud de 50 cm a 60 cm y 2 kg a 3 kg de peso; a veces, aunque raramente, llegan a medir 125 cm y a pesar 19 kg. Como otras especies de esturiones, tiene la cabeza alargada en un hocico de largo variable. La piel es lisa, aunque presenta cinco hileras de placas óseas en la espalda, costado y vientre. Las placas óseas de la hilera dorsal (2) tienen una punta curvada en dirección a la cola. Las más bajas están arraigadas a la piel por su parte chata. La aleta caudal es asimétrica, y el lóbulo superior es más largo. En la cabeza de los miembros de este género se aprecian importantes características que permiten identificarlos. El esterlete tiene boca ventral sin dientes, con el labio inferior dividido en dos partes. Cuatro pequeños barbillones carnosos finamente desflecados aparecen cerca del labio superior (3). Las especies individuales se diferencian también por la disposición de las placas óseas en la parte superior de la cabeza. El dibujo (4) muestra cómo están dispuestas las placas óseas en el esterlete.

Esturión de Guldenstaed
Acipenser güldenstädti

El esturión de Guldenstaed aparece en el mar Negro, en el mar de Azov y en el mar Caspio, así como en los grandes ríos del noroeste que alimentan estos mares.

Maduran relativamente tarde; los machos entre los 8 y los 15 años, las hembras entre los 13 y los 20 años, pero viven hasta 46 años. Parte de la población adulta emigra en cardúmenes desde el mar contra la corriente de los ríos hasta los tramos superiores, a principios del otoño, permaneciendo allí durante el invierno. Los restantes individuos adultos no eligen el lugar de desove hasta la primavera, pero desovan de inmediato al llegar.

Durante la emigración, recorren hasta 30 km por día. Aparte del esturión de Guldenstaed migratorio, también existen poblaciones que viven permanentemente en agua dulce. El esturión de Guldenstaed solía originalmente desovar en las orillas de grava de los tramos superiores de los grandes ríos pero, debido a la construcción de represas, las rutas hacia muchos sitios tradicionales de desove han quedado cortadas. Por esa razón, usa como sustituto el fondo de grava del lecho del río principal.

El desove comienza en mayo, y gracias a los peces de la migración de primavera se prolonga hasta agosto. Al principio los pececillos recién nacidos son sensibles a la luz y se esconden en grietas en el lecho del río. Después de varios días, dejan su escondite y la mayor proporción de ellos es arrastrado corriente abajo hacia los tramos inferiores del río. En su tercero o cuarto año, los jóvenes peces abandonan el agua dulce de los ríos y nadan hacia el mar.

Los individuos adultos comen muy poco durante su viaje al sitio de desove. Después de desovar, tratan de recuperar lo perdido mediante una considerable toma cuando regresan al mar. Extraen invertebrados del lecho con el hocico y los devoran con su boca protuberante. Los más grandes cazan peces bénticos. Dada la calidad de su carne, con alto contenido en grasa, y sus huevos, con los que se prepara el caviar, el esturión de Guldenstaed es una especie ictiológica económicamente importante.

El esturión de Guldenstaed (1), junto con el de vientre desnudo, está entre los esturiones europeos más pequeños.

El largo promedio de los machos es de 155 cm, de las hembras 175 cm, con un peso de 12 kg a 24 kg. Sólo ocasionalmente se han capturado ejemplares de 230 cm a 235 cm de largo y un peso de hasta 80 kg.

Acipenseridae

Una notable característica distintiva es el hocico corto y ancho. La boca (2) es protuberante, con el labio inferior dividido en dos partes. Los barbillones son lisos y cortos, y no llegan hasta la boca. La disposición de las placas en la parte superior de la cabeza (3) es característica. En el caso del esturión de Guldenstaed, aparecen pequeñas placas óseas (6) entre la hilera de placas dorsales (4) y laterales (5). Su número y tamaño son muy variables.

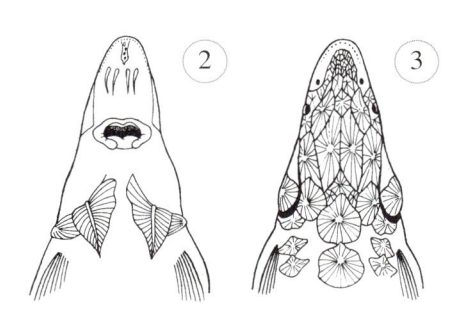

Esturión de vientre desnudo

Acipenser nudiventris

El esturión de vientre desnudo está distribuido en el mar Caspio, el mar de Aral y el mar Negro, y en los ríos que desembocan en ellos. A lo largo de la costa se mantiene a profundidades de hasta 50 m. Permanece en el mar hasta alcanzar la madurez, lo que en el caso de los machos sucede hacia los 6 o 9 años, y en las hembras entre los 12 y los 14. Llega a vivir más de 30 años.

Para desovar emigra a los brazos centrales y bajos de los ríos. Tanto en el mar Caspio como en el mar Negro, la migración para el desove comienza en otoño y culmina en octubre. El pez de la migración otoñal pasa el invierno en el río y al comenzar la primavera, cuando la temperatura del agua aumenta por encima de los 10 °C, empieza a desovar.

En abril y mayo, el pez de la migración primaveral llega a los sitios de desove y cumple a su vez la misma función. El mar de Aral está habitado principalmente por la migración otoñal. El esturión de vientre desnudo no desova regularmente todos los años, sino cada dos o tres. Este hecho se ve compensado por su alta fecundidad. Una sola hembra pone de 280.000 a 1.290.000 huevos de 3 mm de diámetro. A una temperatura de 10 °C a 15 °C, la cría sale habitualmente después de 7 días. Una menor proporción de pececillos es arrastrada por la corriente hacia el mar durante el verano, aunque la mayoría permanece en los tramos bajos de los ríos más de un año. La dieta del esturión de vientre desnudo consiste principalmente en moluscos, larvas de insectos y pequeña fauna béntica, incluyendo peces. Traga el alimento del fondo junto con gran cantidad de barro, arena y otras partículas. Es muy abundante en el mar Caspio, donde se captura en grandes cantidades y se explota económicamente. El caviar se prepara con las huevas del esturión de vientre desnudo.

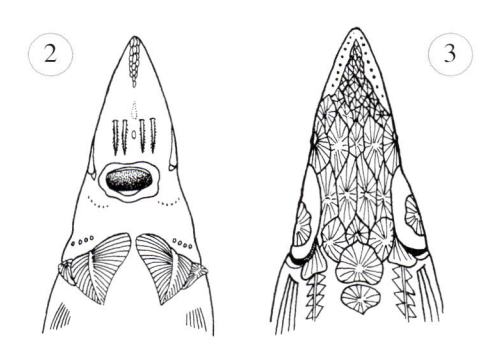

Acipenseridae

El esturión de vientre desnudo (1) alcanza una longitud de 150 cm a 200 cm y un peso de unos 20 kg al llegar a los 20 años. En casos aislados, se han capturado ejemplares que pesaban más de 40 kg. En 1925 se atrapó un pez que pesaba la cifra récord de 117 kg.
El esturión de vientre desnudo tiene boca pequeña. El labio inferior no está dividido y los barbillones tienen forma de flecos (1). La primera placa ósea de la espalda (3) es más grande que las demás; en la espalda tiene entre 11 y 16, de 52 a 74 en los flancos y de 11 a 17 en el vientre. La cabeza del pez joven es notablemente grande (4) y esto se aprecia en particular cuando se contempla desde arriba (5).

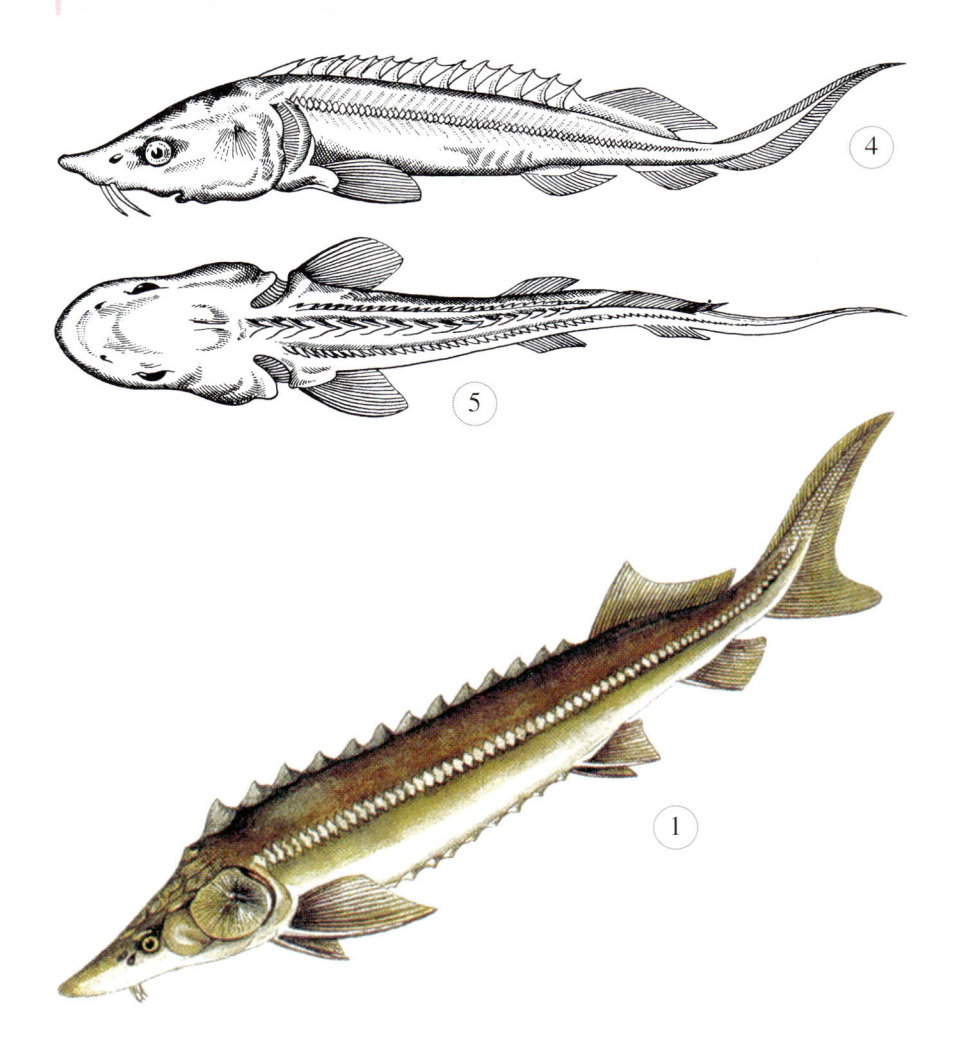

41

Esturión estrellado
Acipenser stellatus

El hábitat del esturión estrellado es el mar Negro, el mar Caspio y sus afluentes. Recientemente ha sido introducido en el mar de Aral, donde hasta entonces el único representante de la familia de los Acipenséridos era el esturión de vientre desnudo. Es un pez migratorio que comprende dos variedades: la otoñal y la primaveral. Madura sexualmente de los 8 a los 15 años y no abandona el mar hasta llegar a esa edad. Para desovar remonta los ríos.

La variedad otoñal nada hacia los ríos en octubre y noviembre y pasa el invierno en ellos. La variedad primaveral pasa el invierno en el mar, retirándose de la orilla y bajando a una profundidad de 80 m a 100 m. Durante la migración para desovar los peces no se alimentan y nadan 17 km a 32 km diarios. Los sitios de desove están distribuidos desde los estuarios de los ríos hasta sus tramos medios, por ejemplo, en el Volga, a unos 350 km de su estuario. El desove se produce de abril a agosto. La hembra pone de 20.000 a 633.000 huevos viscosos en el lecho. A una temperatura de 20 °C, la salida se produce después de 5 días. El pez adulto abandona el lugar de desove y vuelve al mar. Con ayuda de la corriente, nadan más rápidamente que cuando remontaban el río para el desove, cubriendo hasta 70 km por día. La cría es arrastrada corriente abajo gradualmente, aunque avanza mucho más lentamente y se demora 2 o 3 meses hasta llegar al mar.

La dieta de los jóvenes esturiones estrellados consiste en invertebrados que viven en el fondo, principalmente crustáceos y larvas de Quironómidos. El esturión adulto complementa su dieta con peces. Generalmente crece hasta alcanzar de 1 m a 1,5 m; en algunos casos raros, llega a tener 210 cm de largo y pesar hasta 70 kg. El esturión estrellado es una especie económicamente importante, pues su carne es muy sabrosa y con sus huevas se prepara el caviar negro.

Los flancos del esturión estrellado (1) están cubiertos por pequeñas plaquetas en forma de estrellas entre hileras de escudetes óseos. Su hocico curvo en forma de espada es el más largo entre los esturiones europeos, ya que mide más de la mitad de la cabeza. En la parte inferior de la cabeza (2) cuatro barbillones carnosos lisos crecen frente a la boca, y el labio inferior está dividido por una estría.

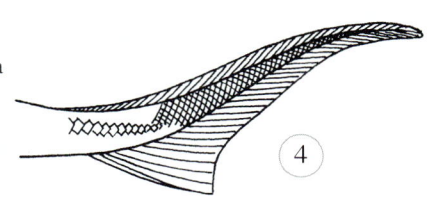

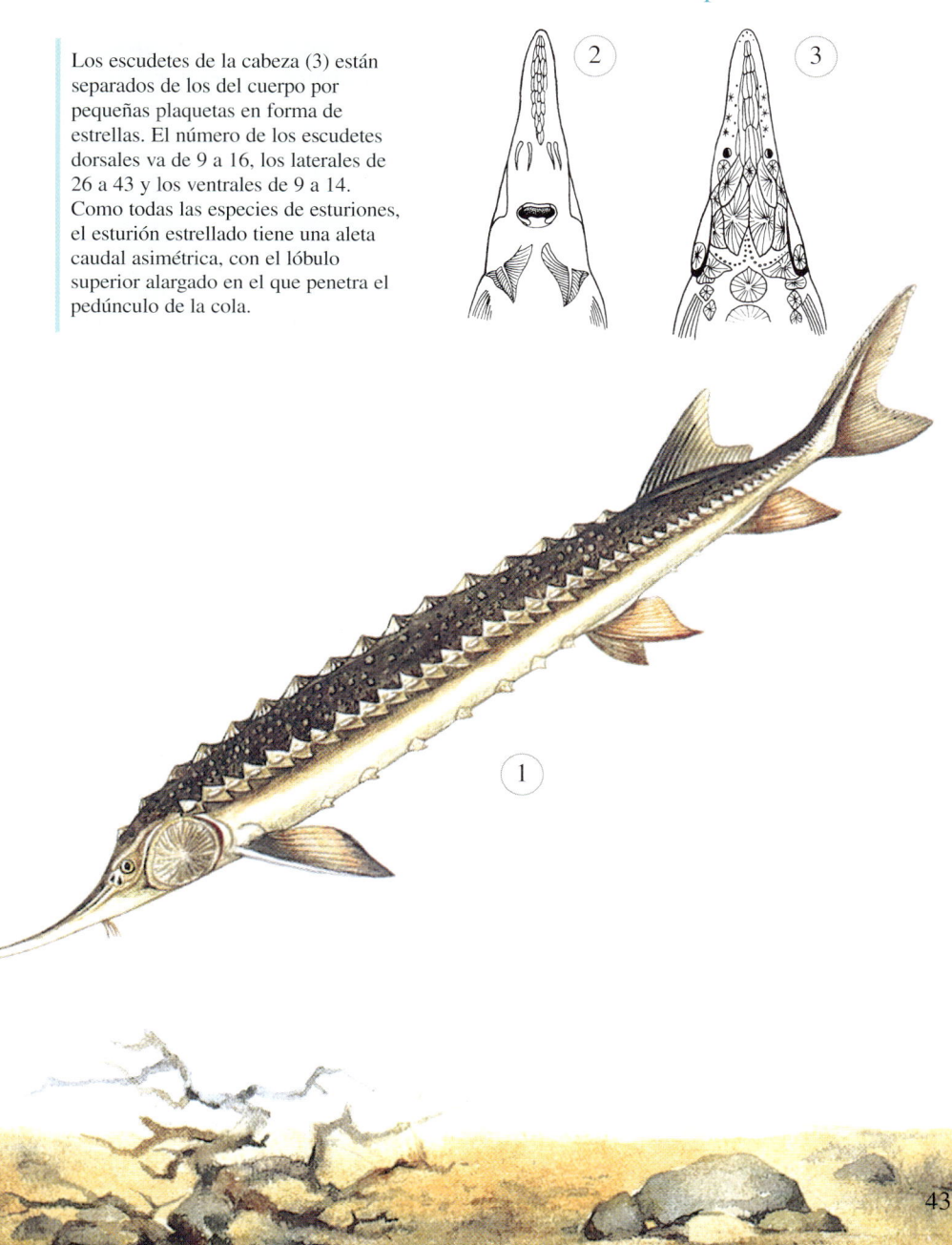

Acipenseridae

Los escudetes de la cabeza (3) están separados de los del cuerpo por pequeñas plaquetas en forma de estrellas. El número de los escudetes dorsales va de 9 a 16, los laterales de 26 a 43 y los ventrales de 9 a 14. Como todas las especies de esturiones, el esturión estrellado tiene una aleta caudal asimétrica, con el lóbulo superior alargado en el que penetra el pedúnculo de la cola.

Esturión común

Acipenser sturio

En el pasado, el esturión común solía habitar a lo largo de toda la costa europea hasta el mar del Norte. Hoy en día está casi completamente exterminado en la costa oeste hasta Polonia, donde es una especie protegida. La población mayor, sin ser particularmente abundante, vive en la región del mar Negro. Puede ser hallado también en la costa este de América del Norte.

Es un pez migratorio que penetra en las aguas dulces durante el periodo de desove. La excepción es la población permanente que habita el lago Ladoga. La mayor parte del año lleva una existencia solitaria y sólo se une a los cardúmenes en primavera para desovar y en otoño para pasar el invierno. Se introduce en los ríos en abril y mayo, pero no desova hasta junio o julio. Lo hace en los tramos centrales de los ríos, en la corriente, sobre un lecho pedregoso, a una profundidad de 2 m a 10 m. La hembra pone hasta 2.400.000 huevos viscosos, cuyo desarrollo necesita de 3 a 5 días.

Las crías y los ejemplares jóvenes permanecen en agua dulce hasta otoño a más tardar, después nadan hacia el mar. Los machos maduran entre los 7 y los 9 años de edad y las hembras algo más tarde, entre los 8 y los 14 años. Al principio se alimentan con pequeños invertebrados, principalmente crustáceos, ciertos gusanos y moluscos. Los ejemplares adultos cazan peces que viven sobre el fondo o cerca de él.

Actualmente quedan tan pocos esturiones comunes que su importancia económica es mínima. La culpa debe atribuirse no sólo a la pesca abusiva, sino también a la eliminación y contaminación de los sitios de desove.

El esturión común (1) es la segunda especie más grande de la familia de los Acipenséridos, después del esturión gigante, alcanzando una longitud de 300 cm y un peso de hasta 200 kg.

En 1909 se capturó un ejemplar en el mar del Norte que medía 345 cm y pesaba 320 kg. Alcanza una edad avanzada y que llegue a los 40 años.

Acipenseridae

El labio inferior está partido por una estría. Los barbillones son lisos y están muy alejados de la punta del hocico, más cerca de la boca (2). Una vista desde arriba (3) muestra los escudetes de la cabeza. El alevín (5) se diferencia de los del resto de los esturiones por sus barbillones, notablemente cortos.

Los escudetes óseos de los flancos (4) tienen forma ligeramente rectangular, y están orientados con la base más corta hacia la cola. Forman una hilera continua, no se tocan entre sí cuando el pez es joven, pero en los peces más viejos aumentan de tamaño y se superponen uno sobre otro.

El alevín (5) se diferencia de los del resto de los esturiones por sus barbillonees notablemente cortos.

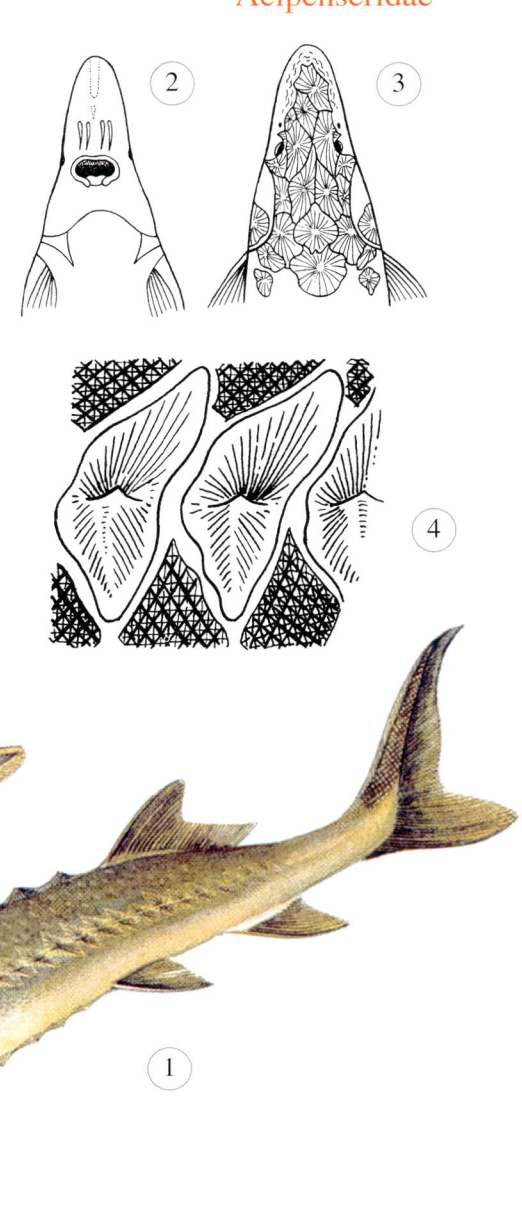

45

Esturión gigante
Huso huso

Para desovar, el esturión gigante nada desde el mar Caspio, el mar Negro y el mar de Azov a las tierras bajas y tramos submontañosos de los grandes ríos europeos, es decir, el Volga, el Don, el Danubio y otros. En el Mediterráneo vive a lo largo de las costas italianas, cerca del estuario del Po. Pasa la mayor parte de su vida en el mar, en la franja litoral cerca de los estuarios fluviales. En invierno se retira a zonas más profundas, llegando en el mar Negro hasta los 180 m de profundidad.

El esturión gigante se divide en dos variedades, según sus hábitos migratorios de desove. La de otoño desova corriente arriba, por ejemplo, en el Don a 500 o 600 km del estuario, y por ello comienza a nadar hacia los ríos ya en septiembre y octubre. En el invierno ya ha alcanzado los tramos centrales y después de hibernar en el fondo del río sigue su viaje hasta el lugar de desove. La de primavera desova en los brazos de las tierras bajas en la sección media de los cursos. Parte del mar en marzo y abril y desova en mayo sobre el lecho de grava y piedras de la corriente principal. Los huevos viscosos se adhieren al fondo y su número va de los 300.000 a los 7.000.000.

A una temperatura de 13 ºC, la salida de los huevos se produce aproximadamente después de una semana y es llevada lentamente corriente abajo hacia el mar. Los pececillos son capaces de alimentarse de manera independiente después de diez días, primero cazando pequeños invertebrados y, cuando son algo mayores, cazando peces. A partir de ahí los peces se convierten en la dieta exclusiva de los ejemplares más grandes.

A los 4 años el esturión gigante alcanza un tamaño de 1 m y 2 m a la edad de 16 años. Los machos maduran entre a partir de los 12 o 14 años, las hembras entre los 10 y los 20 años. El esturión gigante puede vivir hasta los 100 años. Su captura reviste una gran importancia económica, ya que con sus huevas se produce el famoso caviar negro.

El esturión gigante (1) es el más grande esturión viviente.

En el pasado se solían capturar ejemplares de 5 m a 8 m de largo y de 1.200 kg a 1.500 kg de peso. El tamaño de los ejemplares que se capturan actualmente ha disminuido a 2 m a 3 m de largo y 65 kg a 150 kg de peso.

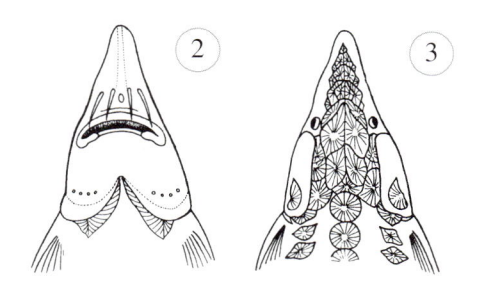

Acipenseridae

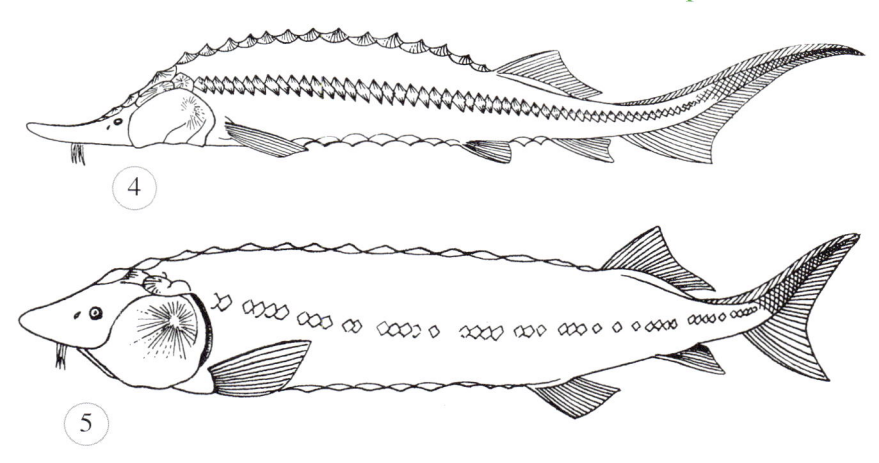

Una característica destacada de esta especie es su boca grande y ancha, en forma de cuarto creciente (2). Los cortos barbillones carnosos se extienden hasta el labio superior. Las membranas de piel que rodean las branquias se unen en el centro de la garganta, formando un borde transversal continuo en la parte inferior de la cabeza. Los escudetes de la parte superior de la cabeza (3) tienen una disposición característica.

En el caso de los ejemplares jóvenes (4) el hocico es relativamente largo, las placas óseas no están gastadas y forman una hilera completa. Los especímenes más viejos (5) tienen el hocico corto y ancho y las placas óseas aparecen gastadas y a veces caen. La morfología general y la proporción de las aletas en relación al cuerpo cambia con la edad, y esto es particularmente notable en el caso de la aleta caudal.

Sábalo

Alosa alosa

El sábalo vive a lo largo de las costas del oeste de Europa, desde el sur de Noruega hasta el sur de España, extendiéndose desde allí hacia el este hasta las costas de Italia y Sicilia. Pasan la mayor parte de su vida en el agua salada, pero los peces adultos emigran hacia las aguas dulces para desovar. Lo hacen de mayo a junio en los estuarios y los tramos inferiores de los ríos. Sólo raramente remontan la corriente, como solía suceder en el Rin por el que subían hasta 800 km. Los lugares de desove se encuentran habitualmente en tramos rápidos, con lechos arenosos o pedregosos.

Después del desove, los huevos transparentes se hinchan considerablemente y son arrastrados corriente abajo hacia los tramos inferiores. La fecundidad de las hembras oscila entre los 250.000 y los 350.000 huevos. Las larvas rompen pasados de 6 a 8 días. Cuando los peces que han desovado regresan al mar, la cría permanece en el agua dulce o salobre hasta el otoño. Entonces también ella nada hacia el mar y madura entre el tercero y cuarto año de vida. En el mar, el sábalo se alimenta principalmente de zooplancton y, en las aguas salobres de los estuarios fluviales, de pequeños crustáceos. Los ejemplares grandes complementan su dieta con pequeños peces.

Debido a su carne sabrosa y a su abundancia, el sábalo tuvo gran importancia económica. Pero debido a la contaminación de los ríos, su número se ha reducido y ahora sólo se pesca en algunos ríos y estuarios.

El sábalo (1) tiene un cuerpo alto, comprimido lateralmente. El cuerpo carece de línea lateral, pero la ramificación de la cabeza en la mandíbula inferior está bien desarrollada. Los ojos están provistos de almohadillas de grasa delante y detrás, que a su vez están cubiertas por una membrana transparente.

Una característica de esta especie es la gran mancha oscura detrás del opérculo. El cuerpo puede presentar otras manchas negras, que difieren en cada pez en número e intensidad.

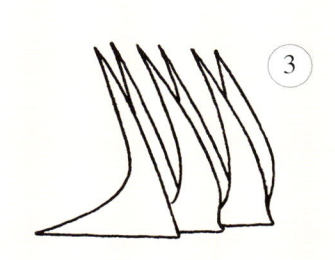

Clupeidae

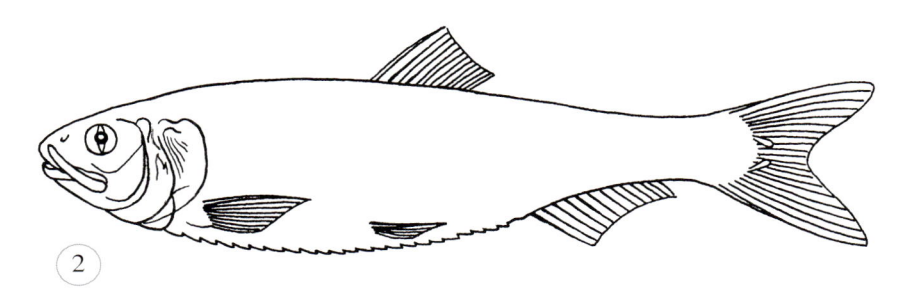

El sábalo alcanza generalmente una longitud de 30 cm a 50 cm; raramente, puede llegar a los 70 cm de largo y a los 3,5 kg de peso. Otra característica particular del género Alosa es la disposición en forma de hileras de tejas de las escamas, que forman una quilla serrada en el borde del abdomen (2). Las escamas del abdomen son de doble ala (3).

Saboga
Alosa fallax

La saboga está distribuida a lo largo de las costas atlánticas de Europa, desde el sur de Noruega hasta la península ibérica, en el Báltico, el Mediterráneo y el mar Negro, y en los ríos de esas regiones. En contraposición con el sábalo, aparece sólo en los tramos bajos de los ríos hasta unos 100 km de los estuarios. En algunos grandes lagos, como por ejemplo los de Scutari, Killarney, Como, Lugano, Maggiore, Iseo y Garda, vive permanentemente una población de agua dulce.

En el mar generalmente forma poblaciones migratorias que nadan hacia las aguas dulces para desovar. La migración hacia los sitios de desove tarda aproximadamente un mes, durante el cual el pez no toma alimento. Desovan en mayo y junio sobre un lecho de arena o grava. La fecundidad de las hembras va desde los 75.000 hasta los 200.000 huevos.

Como los huevos tienen una superficie lisa, son arrastrados por la corriente y sólo aquellos que caen en las grietas del lecho permanecen en el lugar de desove. Tardan de 2 a 8 días en desarrollarse a una temperatura de 15 °C a 25 °C. La cría nada hacia el mar en otoño o permanece hasta la primavera del año siguiente. En el mar los pececillos crecen de manera relativamente rápida, midiendo de 8 cm a 14 cm a la edad de un año. Permanecen en la franja litoral a profundidades que pueden llegar hasta los 100 m. Se alimentan principalmente con crustáceos, aunque los ejemplares más grandes también cazan pequeños peces. La importancia económica de la saboga ha disminuido como consecuencia de la reducción de su cantidad. Tiene una carne relativamente seca, con bajo contenido en grasa, y crece hasta alcanzar una longitud de 25 cm a 40 cm y un peso de 1,5 kg a 2 kg cuando cumple su edad límite de 20 a 25 años.

La saboga (1) tiene un cuerpo similar al del sábalo, con entre 6 y 10 manchas negras bien definidas en los costados. Carece de línea lateral y sólo la ramificación de la cabeza está bien desarrollada. A cada lado, dos grandes escamas se extienden desde el pedúnculo de la cola a la sección triangular de la aleta caudal, característica ésta propia de todas las especies del género Alosa, como también lo son las pequeñas almohadillas grasas alrededor de los ojos.

Clupeidae

El género Alosa cuenta con una gran variedad de miembros, que se asemejan mucho entre sí.
Una característica distintiva importante es el número y forma de las branquispinas en los arcos de las branquias. La saboga tiene menor número de fuertes branquispinas (1), habitualmente del mismo largo que las láminas branquiales. El sábalo tiene un número mayor de finas branquispinas (3), más largas que las láminas branquiales.

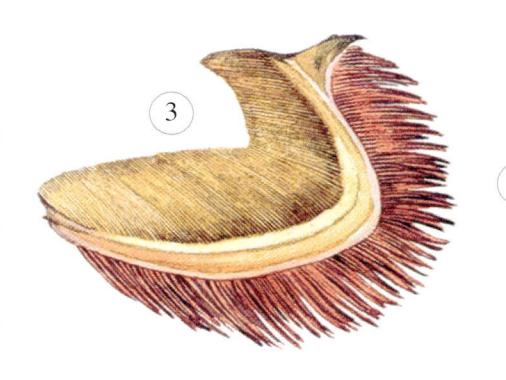

51

Alosa del Caspio

Alosa caspia

La alosa del Caspio forma varias subespecies distribuidas en el mar Negro, el mar Caspio y el mar de Azov. Se trata generalmente de especies migratorias, cuyos componentes nadan hacia los estuarios y los tramos inferiores de los ríos para desovar. Esporádicamente, algunos especímenes emigran corriente arriba, por ejemplo la subespecie *Alosa caspia nordmanni* que remonta el Danubio hasta las Puertas de Hierro. Excepcionalmente, algunas poblaciones desovan en el mar.

El desove se produce desde fines de abril hasta junio, a profundidades de 2-3 m. La fecundidad de las hembras va desde 12.000 a 400.000 huevos semipelágicos, cuyo tamaño aumenta ligeramente en el agua. La salida se produce después de 2 o 3 días dependiendo de la temperatura y la cría es llevada lentamente corriente abajo hasta el mar, donde los pececillos maduran al segundo o tercer año de vida. La alosa del Caspio vive unos 5-6 años, y desova 2 o 3 veces en su vida. Es la especie europea más pequeña del género alosa, ya que alcanza sólo los 20 cm, como máximo los 32 cm, y un peso de 100-120 g. Su dieta consiste en zooplancton y, en menor medida, en fitoplancton, plantas acuáticas y pequeños peces. Se captura principalmente en el mar Caspio, en donde compone más del 50% de la pesca de arenques.

Una de las subespecies en las que se divide la *Alosa caspia* es la *Alosa caspia nordmanni*. Es un pez semimigratorio que vive en la parte oeste del mar Negro; hacia el este, el límite de su distribución se sitúa en Crimea y el oeste de Turquía. Para desovar remonta los ríos Danubio, Dniéster y Dniéper. La subespecie más pequeña es la *Alosa caspia tanaica*, que hiberna en el mar Negro, nada hacia el mar de Azov en primavera y desde allí a los estuarios y tramos inferiores de los ríos Don y Kuban, en los que desova.

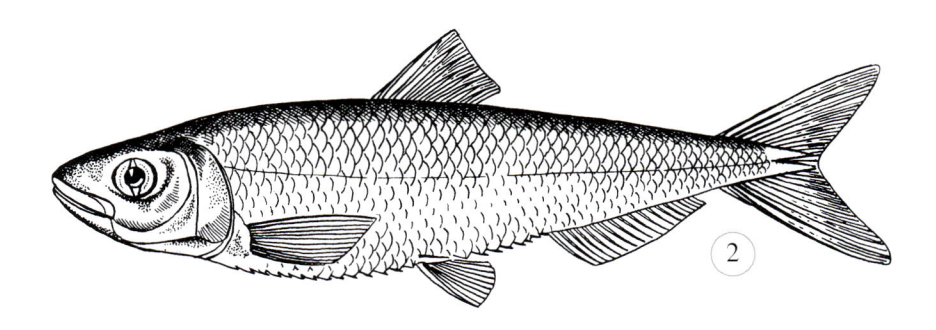

Clupeidae

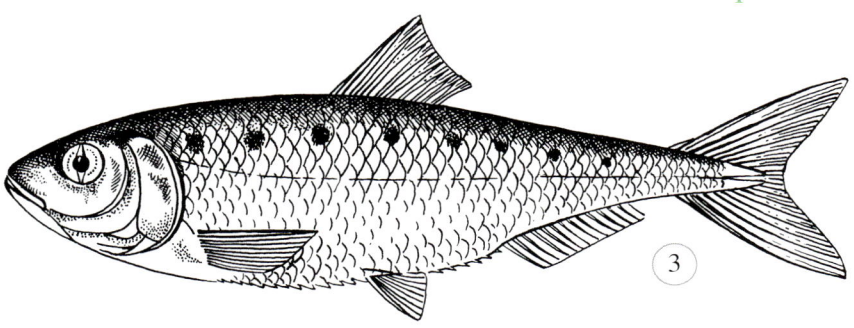

La alosa del Caspio (1) tiene el pedúnculo de la cola corto, por lo que da la impresión de cuerpo alto y corto. Como en otras especies del género, los grandes ojos están cubiertos con almohadillas grasas y una membrana transparente; la mandíbula inferior de la gran boca se extiende hasta detrás del ojo. Los dientes están menos desarrollados que en otras especies, y aparecen sólo en la quijada inferior cuando el pez es joven, desapareciendo cuando madura. Las finas y largas branquispinas del delgado arco branquial, están adaptadas para filtrar el zooplancton. A cada largo de la aleta caudal tiene dos grandes escamas. Una característica destacable son las manchas negras a los lados.

La *Alosa caspia nordmanni* (2) crece hasta alcanzar un largo de sólo 18 cm, a veces 25 cm, y no tiene manchas oscuras de los flancos.

La *Alosa caspia tanaica* (3) tiene cinco pequeñas manchas oscuras en los costados. Alcanza un largo de 15 cm y un peso de 25 g, en casos aislados, 20 cm y 60 g.

Alosa de Kessler

Alosa Kessleri

La alosa de Kessler es el arenque del Caspio más grande. Los ejemplares que se capturan habitualmente tienen un tamaño de entre 20 cm y 40 cm, con un peso de hasta 1,8 kg. Es una especie migratoria, que nada en bancos desde fines de marzo hacia los tramos centrales de los ríos para desovar. En el primer banco de primavera los peces son más grandes, y más pequeños los de la migración final en junio. Comienzan a desovar cuando se produce el deshielo de primavera y la temperatura del agua aumenta a 15 °C. La alosa de Kessler es el arenque más fecundo del mar Caspio; la hembra pone entre 135.000 y 312.000 huevos en 2 o 3 tandas con pocos días de intervalo. La mayoría de las hembras muere después de su primer desove. Los huevos se hinchan después de haber sido fertilizados y su tamaño aumenta al doble. La cría nada hacia el mar después de 1 o 2 meses La alosa de Kessler alcanza la madurez sexual en el 5.º o 6.º año de vida. Inicialmente se alimenta con la fauna planctónica, pero los ejemplares adultos cazan pequeños peces. Reviste un gran significado económico y se pesca principalmente en el periodo de la migración de desove en el delta del Volga. Está considerada como el más sabroso de los arenques del Caspio.

La *Alosa pontica* emigra del mar Negro, mar Caspio y mar de Azov para desovar en los tramos inferiores de los grandes ríos, como el Danubio, el Dniéster, el Bug, el Don y el Volga. Desova en abril y junio sobre un lecho de arena y grava. La cría es arrastrada corriente abajo hacia el mar, donde madura.

La *Alosa brashnikovi* es predominantemente una especie marina. Desde el mar Caspio y el mar de Azov penetra sólo raramente en las aguas dulces de los tramos inferiores de los ríos, apareciendo con más frecuencia en los estuarios fluviales o en las aguas salobres de los lagos costeros, como el Razelm, en el delta del Danubio.

Clupeidae

En comparación con otros arenques, la alosa de Kessler (1) tiene un colorido bastante vivo; el lomo es violeta oscuro y la parte de arriba de la cabeza y las aletas dorsal y ventral son negras. El color negro en la punta del hocico crea un particular efecto de contraste. Durante la actividad sexual, el lomo y los flancos se vuelven de un gris verdoso, aparecen manchas amarillo oro en el lomo, flancos y opérculos, y los ojos se bordean con un anillo del mismo color. Una característica del género es la ausencia de línea lateral en los costados y las escamas prolongadas en la base de la aleta caudal. Los dientes desarrollados y las branquispinas gruesas en el arco branquial están adaptadas a un sistema de vida depredador.

La *Alosa pontica* (2) alcanza una longitud de 15 cm a 20 cm, a veces hasta 41 cm. Vive hasta 7 años. Es un pez muy popular por su carne sabrosa, con alto contenido de grasa.

La *Alosa brashnikovi* (3) es un pez depredador que suele alcanzar una longitud de 30 cm a 45 cm.

Trucha común
Salmo trutta

La trucha común está distribuida a lo largo de la costa noroeste de Europa, desde la bahía de Cheshskaya en el mar de Kara hasta el río Duero en la península ibérica, en el mar Negro y el mar Caspio y en los ríos de esta región. Es una especie migratoria, que abandona la costa sólo en el periodo del desove, cuando nada hacia los ríos. Si algo impide que esta especie se aleje del agua dulce para volver al mar, permanece en ella y en una o dos generaciones se transforma en una forma de vida de aguas dulces permanentes, como la trucha de río *(Salmo trutta m. fario)* y en ciertos lagos la trucha lacustre *(Salmo trutta m. lacustris)*. Cada año, entre un 1% y un 2% de los jóvenes peces se queda en las aguas dulces.

La migración para el desove comienza en primavera y se produce desde septiembre a enero. La hembra prepara un hueco en el que deposita los huevos en el lecho de grava de los pequeños torrentes. El nido puede tener un diámetro de varios metros y una profundidad de uno. Cada puesta consta de 2.000 a 16.000 huevos, que la hembra cubre con grava. Una pequeña proporción de peces, principalmente machos, muere después del desove, pero la mayoría vuelve al mar. La salida se produce a los 150 días y la cría permanece algún tiempo en agua dulce, dependiendo de la latitud geográfica.

En las zonas norteñas de su distribución, la trucha común permanece en los ríos hasta 7 años, algo menos en el sur, y en algunos sitios sólo un año. Madura entre su 3.º y 8.º año y vive más de 20 años. En muchos ríos la migración ha cesado, como resultado de la contaminación de los ríos y la construcción de diques y represas, por lo que el número de ejemplares ha disminuido mucho y, en consecuencia, su importancia económica.

Salmonidae

La trucha común (1) tiene un poderoso cuerpo cilíndrico que alcanza un largo de 50-100 cm y un peso de 10-18 kg. Algunos especímenes alcanzan excepcionalmente los 140 cm de largo y un peso de hasta 50 kg. El manchado del cuerpo es muy variable. Habitualmente aparecen sólo manchas oscuras; con menos frecuencia, también manchas rojas con borde blanco que a veces se extienden por debajo de la línea.

Una característica destacada de los machos maduros es la robusta quijada inferior, que se dobla en forma de gancho. La hembra tiene la cabeza más corta y redondeada y la quijada recta, y se diferencia de los machos de color castaño anaranjado por su color gris azulado. Los salmónidos cuentan con dientes en las mandíbulas (2), el paladar (3) y el vómer (4). El número, colocación y forma de los dientes sobre este último hueso, son importantes características sistemáticas de esta familia. El vómer está totalmente dentado sólo en los ejemplares jóvenes.

Trucha de río
Salmo trutta m. fario

Esta subespecie de trucha común está distribuida en los tramos centrales y montañosos de los cursos de toda Europa, el Cáucaso, Asia Menor, Marruecos y Argel. Requiere agua limpia y fría, con alto contenido de oxígeno. Si se dan estas condiciones, vive en hábitats apropiados en los cursos de alta montaña, a alturas de 2.000 m, hasta los depósitos para abastecimiento de agua de los valles y estanques fríos de las tierras bajas. En los arroyos de alta montaña, que no abundan en alimento, alcanza un largo de sólo 20 cm a 25 cm, en ríos de montaña alrededor de 35 cm, y en las tierras bajas, en donde las condiciones alimenticias son más favorables, llega a tener una longitud de unos 60 cm y un peso de uno a dos kg.

La trucha de río es un pez territorial, que habita una parte específica de un curso durante largos períodos; sólo los ejemplares maduros abandonan por breve tiempo la zona en la estación del desove. La distancia hasta los sitios de desove excede raramente de 1 km. Si hay corrientes o cascadas en la ruta, los superan saltando. Pueden alcanzar así una velocidad de hasta 37,2 km/h y pueden saltar sobre un obstáculo de hasta 1,5 m de alto.

Desova de octubre a enero en bajíos con lecho de arena o grava. Con un movimiento circular del cuerpo, la hembra entierra una parte de los huevos en un nido previamente preparado; otra parte es arrastrada corriente abajo hacia las grietas del fondo, aunque la mayor parte de ella es devorada por las especies depredadoras, incluyendo a la misma trucha de río. Sin embargo, su dieta principal consiste en insectos, aunque los ejemplares más grandes comen también peces, ranas, crustáceos y pequeños roedores acuáticos.

La trucha de río es una de las más importantes especies de peces salmónidos en Europa. En el siglo XVIII se desarrolló un sistema de desove artificial, que hoy día asegura la supervivencia del 80% de las crías.

El cuerpo de la trucha de río (1) es aerodinámico y musculoso, adaptado para la vida en aguas fluyentes. Las mandíbulas provistas de robustos dientes indican que es un pez depredador.

Salmonidae

1 ♀

La aleta caudal es ligeramente dentada sólo en el pez joven; los ejemplares de más edad tienen el borde trasero recto. La mandíbula inferior de los machos (2) está doblada en forma de gancho. La cabeza es alargada y esbelta. La hembra (3) tiene una cabeza más corta con hocico redondeado. El colorido de la trucha de río varía considerablemente (4). Los peces de los estanques sombreados son oscuros, mientras que los de los cursos soleados son más claros. Es prácticamente imposible hallar dos truchas con el mismo colorido, incluso en el mismo arroyo.

2 ♂

4

Trucha lacustre

Salmo trutta m. lacustris

La forma lacustre de la trucha común es una prueba de la adaptabilidad de las truchas, que pueden prosperar hasta en las aguas estancadas de los lagos fríos y los embalses.

La trucha lacustre se mantiene predominantemente en aguas abiertas sobre las profundidades. Sólo los peces maduros, de 4 a 7 años, nadan hacia la costa en el periodo precedente al desove. En septiembre y octubre emigran en masa a los tramos superiores de los afluentes, donde ponen sus huevos en nidos en arena o grava de los bajíos. El pez adulto regresa a los lagos después del desove; los pececillos recién nacidos permanecen en los tributarios entre uno y tres años, nadando habitualmente hacia los lagos al comenzar el verano. Sin embargo, una proporción de jóvenes peces permanece en los afluyentes y se convierten en truchas de río. Por el contrario, algunos peces jóvenes nacidos de los huevos de la trucha común, descienden a los lagos y se convierten en formas lacustres.

La dieta de la trucha lacustre consiste al principio en pequeños invertebrados y más tarde principalmente en peces. En virtud de la gran extensión de su ambiente y del abundante alimento, crecen muy rápidamente. Contando con los alimentos adecuados, aumenta de uno a dos kg por año.

La trucha lacustre tiene gran importancia económica en los lagos alpinos. En las tierras bajas suele aparecer en escaso número, por lo que su importancia disminuye. Es una de las favoritas de los pescadores de caña.

Los ejemplares de la forma lacustre de la trucha común (1) pesan normalmente de 3 kg a 6 kg, aunque pueden alcanzar un tamaño de 130 cm y un peso de 40 kg. El cuerpo robusto, de lomo alto y cola poderosa, indica que es un buen nadador.

Es de color plateado, con abundancia de manchas negras en forma de aspa o de estrella. No tiene las manchas rojas típicas de la trucha de río.

La hembra se diferencia del macho por la estructura más fina de su cabeza y las mandíbulas más cortas.

Salmonidae

Las larvas recién nacidas de los Salmónidos (2) obtienen su nutrición de un gran saco vitelino, que gradualmente se encoge; en un mes se consume, por lo que los alevines tienen que buscarse el alimento por sí mismos. El color del pez cambia con la edad. El pez joven (3), en contraste con los adultos, no tiene manchas en el cuerpo.

Salmón común, o salmón europeo

Salmo salar

El salmón común es un pez migratorio. Después de alcanzar la madurez, entre los 3 y los 6 años de edad, emprende la migración para desovar en los grandes ríos dentro de su zona de distribución: las costas europeas del Ártico y el Atlántico, la costa de Islandia, el sur de Groenlandia y la parte este de América del Norte. Vive también en mar abierto, desde donde recorre distancias de hasta 1.300 km en busca de alimento.

La migración para desovar comienza en junio, cuando los peces de mayor tamaño, sexualmente maduros, comienzan a aparecer en los ríos, seguidos en julio por los más pequeños, machos en su mayoría. Desde fines de julio hasta principios de septiembre, los ejemplares con huevos y lechecillas no maduros entran en los ríos, pero no desovan hasta el año siguiente. Durante la migración no se alimentan en absoluto. Sus dientes se agrandan y, en el caso de los machos, la mandíbula inferior se alarga y se dobla aún más en forma de gancho.

El desove se produce en los tramos superiores de los ríos, corriente arriba de los sitios de desove de las truchas. Los huevos son anaranjados y ponen de 6.000 a 40.000. Una proporción de los peces perece por agotamiento o daños después de desovar; los que sobreviven regresan al mar, aunque una parte muere en el camino. Considerando las marcas de desove en las escamas, los ictiólogos han descubierto que el salmón desova de 2 a 5 veces en su vida. Los pececillos permanecen en los ríos durante un tiempo que depende de la situación geográfica, es decir, hasta 5 años en Noruega, de 2 a 5 años en Inglaterra y sólo uno en el Rin. Su dieta consiste principalmente en crustáceos, pero los especímenes mayores cazan peces. En el mar sus presas incluyen arenques, sardinetas y caballa.

El salmón común se pesca en el mar, así como en los ríos durante su migración, usando diversos métodos que, sin duda, contribuyen a su extinción.

Salmonidae

Los machos adultos (1) tienen la mandíbula inferior doblada en forma de gancho y alcanza un tamaño mayor que la hembra. El récord para los machos es de 150 cm, para las hembras sólo 120 cm. Pero la generalidad de los salmones comunes mide de 60 cm a 100 cm y pesa de 15 kg a 20 kg.

Durante el periodo de actividad sexual, los machos se oscurecen y aparecen manchas rojas y rosas en la cabeza y los flancos, mientras que el abdomen toma un color rosa.

Las hembras (2) tienen el cuerpo de color gris claro, con manchas oscuras en forma de aspa o de estrellas. Los salmoncillos (3), que aún viven en agua dulce, se asemejan más a una trucha. Durante la transición al colorido típico del pez adulto, las manchas rojas (4) desaparecen en primer lugar. El salmón puede distinguirse de la trucha por la disposición de los huesos branquiales. Mientras que en el salmón (5) los cuatro huesos branquiales no se encuentran en un punto, en la trucha sí lo hacen (6).

63

Trucha arco iris

Salmo gairdneri

La trucha arco iris vivía originalmente en las costas del Pacífico en América del Norte y los ríos y lagos de esa región. De allí fue introducida a otras regiones de América del Norte y en 1875 en Europa (Inglaterra), y después también en otros continentes.

Como la trucha común, la trucha arco iris se presenta en una amplia diversidad de formas, dependiendo de las condiciones del medio migratorio marino y de las aguas dulces. Hoy en día es el miembro más extendido de la familia de los Salmónidos en Europa. Prospera espontáneamente, tanto en aguas de embalses y sus tributarios, como en estructuras construidas por el hombre, como estanques y viveros. Su enorme adaptabilidad a la temperatura, contenido de oxígeno y composición alimenticia, así como a la contaminación del agua, hace de ella un pez con grandes posibilidades futuras, y en muchos lugares está desplazando a la especie original de la trucha de río.

La reproducción de la trucha arco iris se produce generalmente en el mismo periodo que la de río, pero en muchas poblaciones está siendo llevada hacia la primavera. Desova en los tramos superiores de los cursos de noviembre a mayo. Al igual que otras truchas, las hembras construyen nidos en el fondo, en los que entierran de 500 a 5.000 huevos relativamente grandes, cuyo desarrollo lleva entre 100 y 150 días. Los peces jóvenes se alimentan de insectos y larvas, los ejemplares más grandes cazan principalmente peces. Los machos maduran en su 2.á o 3.á año, las hembras no lo hacen hasta el 3.á o 5.á año. Normalmente, la trucha arco iris vive de 5 a 8 años, aunque excepcionalmente puede llegar hasta los 18 años o más. Es una especie de pez muy deseada por los pescadores de caña.

La característica típica de la trucha arco iris que vive permanentemente en aguas dulces (1) es la banda de rosada a rojiza que corre a lo largo de la parte media del cuerpo, hasta la raíz de la cola. La forma del cuerpo se parece a la de la trucha común, pero es más robusto, con escamas más grandes, más carnoso y de cabeza más pequeña. Normalmente alcanza un largo de hasta 50 cm y un peso de 4 kg a 5 kg; aunque raramente, puede llegar a los 70 cm de largo y a los 7 kg de peso. En su hábitat natural, alcanza un tamaño mayor. Los machos se diferencian de las hembras por su cabeza más larga y su boca más grande con la mandíbula inferior más angosta y larga. Los machos de mayor edad tienen la mandíbula inferior doblada en forma de gancho. Algunos criaderos han logrado producir una forma dorada (2).

Una característica sistemática de los peces salmónidos es el vómer. El de una trucha arco iris (3) visto de lado, (4) visto desde arriba, es más grande que el de la trucha de río.

Salmonidae

Trucha alpina

Salvelinus alpinus

La trucha alpina aparece en dos formas dentro del área de su distribución. Una forma migratoria vive en los mares árticos de Europa, Asia, América del Norte, y las aguas costeras de Islandia, Spitzbergen y Noruega del Norte, y una forma siempre de agua dulce en los lagos de Inglaterra, Irlanda, Escocia, Finlandia, Suecia, Noruega y los lagos alpinos. En estos últimos es un vestigio de la era glaciar, apareciendo allí a alturas de hasta 2.400 metros. Penetra en los tributarios para desovar.

La forma migratoria deja el mar en septiembre y octubre y nada hacia los ríos. El desove se produce desde octubre a marzo en los tramos superiores sobre un lecho de grava. La hembra pone de 560 a 7.300 huevos de un diámetro de 3 mm a 4 mm entre las piedras. Después del desove, los padres regresan al mar. El joven pez permanece en el agua dulce, donde se alimenta de larvas de insectos acuáticos y de insectos caídos en la superficie. Cazan insectos que sobrevuelan el agua saltando sobre ellos, y los especímenes más grandes comen también pequeños peces. Entre los tres y los cuatro años de vida, durante los meses de verano, la trucha alpina se encamina corriente abajo hacia el mar, donde se alimenta de arenques y pequeños abadejos. Cuando madura, entre el 4.º y el 7.º año, emigra hacia los ríos para desovar, completando así el ciclo.

La trucha alpina es una especie económicamente significativa en las aguas árticas, y se pesca principalmente en los estuarios fluviales durante su migración para desovar. Las formas lacustres son buscadas afanosamente por los pescadores.

La trucha alpina (1) es el salmónido más colorido; los machos tienen colores particularmente brillantes. Una destacada característica es el contraste entre el color verde oscuro del lomo y el anaranjado rojizo del vientre. Este contraste se hace aún más marcado durante el periodo del desove, cuando el lomo se torna azul grisáceo y el abdomen anaranjado rojizo. Las hembras son más pequeñas, con una estructura de la cabeza más fina y colores menos llamativos, que no cambian demasiado durante el periodo de desove. Como regla general, la trucha alpina alcanza una longitud de 40 cm a 60 cm y un peso de 1,5 kg a 3 kg. A los 10 o 12 años puede alcanzar un tamaño de hasta 88 cm y un peso de entre 8 kg y 10 kg, pero la forma migratoria es más grande que la de residencia permanente.

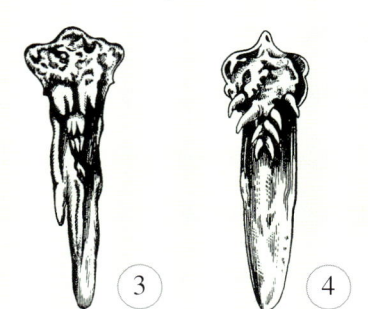

Salmonidae

Algunas poblaciones permanentes de los lagos (2) representan el caso extremo, alcanzando sólo un largo de 10 cm a 18 cm.

La trucha alpina (3) se distingue fácilmente de su pariente la trucha de fontana (4) por el tamaño y forma del vómer.

Trucha de fontana
Salvelinus fontinalis

La trucha de fontana fue traída desde América a Europa a fines del siglo pasado, junto con la arco iris. Se introdujo en los lagos de Inglaterra, Escandinavia, Checoslovaquia, los países de las regiones alpinas y otros sitios. Con el correr del tiempo, ha desaparecido de muchos de ellos, por ejemplo de Inglaterra. Una condición esencial para la presencia de la trucha de fontana es una temperatura promedio baja, que no debe exceder los 16 °C durante el año. Sólo así ha sobrevivido en sitios muy elevados con agua clara y fresca. Vive tanto en las aguas fluyentes como en los lagos, y en muchos sitios junto con la trucha de río. Como puede tolerar aguas altamente ácidas y, a diferencia de la trucha de río soporta medios muy estériles, es a menudo el único pez que aparece en condiciones semejantes.

Desova en la misma época que la trucha de río. Al hacerlo, con frecuencia se cruzan las dos especies. Los ejemplares producto del cruce son estériles y debido a su colorido jaspeado, son conocidos como peces tigres. El macho y la hembra de la trucha de fontana entierran de 100 a 7.000 huevos fertilizados en un nido en los bajíos de los torrentes montañosos. El joven pez se alimenta principalmente de insectos, tanto acuáticos como los que recoge de la superficie. Los ejemplares más grandes cazan peces.

En América del Norte, en la región de los Grandes Lagos, la trucha de fontana es la especie favorita de los pescadores. En las aguas europeas se pesca con caña y sedal pero con dificultad, pues se mantiene predominantemente en las profundidades de los lagos, aproximándose a las orillas sólo de noche. Su población comprende un reducido número de ejemplares.

La trucha de fontana (1), aparte de la diferente disposición del vómer y su colorido distinto, difiere de la trucha alpina por su boca más grande. La mandíbula superior de la trucha alpina se extiende al máximo hasta el borde posterior del ojo, mientras que en la trucha de fontana va mucho más allá. El macho, como en otras especies del género *Salvelinus*, tiene la mandíbula inferior en forma de gancho. La hembra tiene la cabeza más corta y su mandíbula inferior se extiende también más allá del borde posterior del ojo (2).

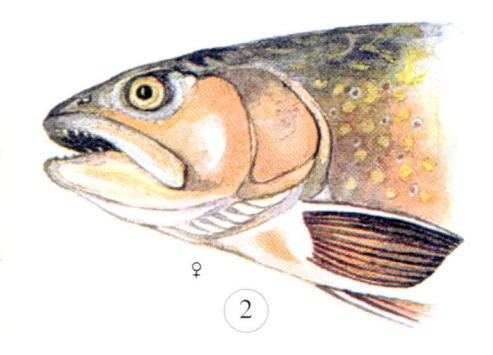

Salmonidae

Una típica característica de la especie es el color negro del epitelio bucal. En Europa, la trucha de fontana tiene peores condiciones de vida que en su hábitat natural, por lo que alcanza solamente un largo de 30 cm a 50 cm y un peso de 1 kg a 3 kg. Las condiciones son particularmente malas en los manantiales de alta montaña y en los lagos glaciares, por lo que los peces que se desarrollan en esos medios tienen poco tamaño y formas menguadas (3), con cabeza marcadamente grande.

69

Salmón del Danubio, o Hucho

Hucho hucho

El Salmón del Danubio o hucho es uno de los más hermosos y grandes salmónidos, que aparece en los márgenes de las zonas de barbos y tímalos, en los tramos montañosos y submontañosos del Danubio y sus afluentes. Ha sido introducido en otros sitios, por ejemplo en Checoslovaquia por medio de alevines criados artificialmente, pero sobreviven con éxito sólo en pocos lugares. Dado su tamaño y forma de vida territorial, requiere agua fresca, clara, bien oxigenada, con abundantes lugares para esconderse.

Los ejemplares sexualmente maduros, de 4 a 6 años, emigran corriente arriba para desovar; en algunos sitios se alejan un centenar de metros; en otros, llegan a recorrer varias docenas de kilómetros. Buscan sus sitios de desove en aguas bajas con lecho de grava o piedra, desovando de marzo a mayo. La hembra construye una cavidad para alojar un gran nido en el lecho y, junto con el macho, cubre con los huevos el substrato del fondo durante el ritual del desove. El número de huevos va desde los 2.000 hasta los 25.000.

Los alevines se alimentan de insectos y larvas, más adelante con las crías de otras especies de peces. Los huchos más grandes son sumamente depredadores, cazando peces y pequeños vertebrados acuáticos. Ningún otro pez europeo depredador puede devorar una presa enorme en relación a su tamaño, como si puede hacerlo el hucho y esto es testimonio de su voracidad. Gracias a su rica dieta, el salmón del Danubio crece rápidamente, alcanzando en el primer año hasta 15 cm, llega a medir 40 cm y a pesar 1 kg a los dos años y medio. Su carne tiene un sabor excelente, pero lamentablemente su número ha disminuido como resultado de la pesca intensiva.

El hucho (1) tiene un cuerpo esbelto en forma de cigarro. La boca ancha, con dientes dispuestos en forma apretada, indica que es un poderoso depredador. Las diferencias sexuales entre el macho y la hembra son insignificantes los machos tienen color más vivo, con la parte trasera del abdomen rosa oscuro sólo en el periodo de desove. Las hembras tienen vientre plateado.

El hucho es el pez más grande de la familia de los Salmónidos, que con frecuencia alcanza un peso de 5 kg a 10 kg. Hoy en día, las capturas mayores en el río Drava llegan a pesar unos 35 kg. Los jóvenes huchos se diferencian marcadamente de los peces maduros por las bandas transversales de los flancos y las llamadas manchas juveniles.
El colorido cambia durante el primer año de vida, desapareciendo las manchas juveniles. Hucho a la edad de 6 semanas (2) ; a los 6 meses (3) ; a los 12 meses (4).

Salmonidae

Salmón rosa, o salmón jorobado

Oncorhynchus gorbuscha

El salmón rosa o salmón jorobado es la especie más pequeña, pero al mismo tiempo más importante, del género *Oncorhynchus*, y a veces se conoce también como Salmón del Pacífico. Se introdujo en el mar Blanco desde la parte norte del océano Pacífico y del Ártico, desde donde se extendió hacia el este llegando a las costas de Islandia, Noruega del sur, Escocia e Inglaterra del norte, así como a los ríos europeos de esa región.

Es una especie migratoria, que abandona el mar en el segundo año de vida y penetra en los ríos para desovar. Las hembras sepultan los huevos fertilizados en un nido preparado previamente en el fondo y los peces de ambos sexos, agotados y dañados por el desove, perecen. La cría desciende hacia el mar tan pronto como puede, después de haber digerido el saco vitelino, y allí se alimenta copiosamente. En su segundo año, el salmón rosa ha alcanzado un largo de 40 cm a 50 cm y un peso de 1,5 kg a 2 kg; en casos excepcionales llega a pesar 5 kg. Tiene una gran importancia económica. Su carne rosada, de excelente sabor, es considerada un bocado exquisito.

Su pariente el keta *(Oncorhynchus keta)* se introdujo también en el mar de Barents desde los océanos Pacífico y Ártico. Entra en los ríos europeos para desovar, yendo más hacia arriba que el salmón rosa y encontrándose sus terrenos de desove hasta a 3.500 km de los estuarios. Cubren una distancia diaria de 40 km a 85 km. De acuerdo con la época en que se produce el desove, pueden dividirse en dos clases: la estival y la otoñal. Después del desove, los machos abandonan el lugar mientras que las hembras siguen protegiendo el nido de los otros salmones durante 10 días más. En verano y en otoño la cría emigra hacia el mar, donde se alimenta con peces y crustáceos. El keta crece hasta alcanzar un largo de 50 cm a 70 cm y un peso de 2 kg a 5 kg. Es poco abundante en las aguas europeas, por lo que no reviste importancia económica. Se pesca en Japón, Estados Unidos, antigua Unión Soviética y Canadá.

Los salmones del Pacífico muestran un marcado dimorfismo sexual que se vuelve aún más pronunciado en la época de la actividad sexual. Las mandíbulas de los salmones rosa machos se alargan y deforman excesivamente en el periodo de la reproducción, y frente a la aleta dorsal se forma una gran joroba chata. También cambia de color, que se vuelve igual al de las hembras fuera del periodo de desove. Las hembras (2) no sufren cambios tan pronunciados durante este último. La morfología de su cuerpo se altera sólo por un aumento en el tamaño del abdomen, que se llena de huevos, y por la mayor intensidad de sus colores.

Salmonidae

Los keta machos (3) se diferencian de las hembras (4) tanto en la morfología como en el colorido. En las hembras, en cambio, no se producen cambios sustanciales durante el desove, aunque aparece una curvatura en forma de gancho en la mandíbula inferior.

Corégono

Coregonus lavaretus

El corégono es el representante más difundido de la familia *Coregonidae* en Europa, apareciendo en las cuencas de los ríos del Báltico, el mar del Norte y el océano Ártico, hasta el río Kolyma. Existe una amplia gama de subespecies, que se subdividen a su vez en muchas formas locales Cuando maduran sexualmente, los peces de 3 a 4 años de edad emprenden la migración para el desove, penetrando en los tramos más bajos de los ríos desde la costa. Las poblaciones fluviales emigran corriente arriba a los tramos superiores, mientras que parte de las poblaciones lacustres desovan en los lagos más profundos, y parte emigra a sus tributarios. El corégono tiene gran importancia económica. Se pesca utilizando redes y trampas, y en el este y el centro de Europa se introduce en estanques como una especie auxiliar de la carpa. Como no se reproduce naturalmente en estanques, se debe recurrir al desove artificial.

El corégono blanco *(Coregonus albula)* tiene diversos tipos de crecimiento. En el mar Ladoga, donde cuenta con suficiente alimento (principalmente larvas quironómidas), alcanza un peso de hasta 1,2 kg. Esta forma de gran tamaño ha sido introducida en otras regiones europeas, aunque en muchos sitios no ha prosperado. En aguas poco provistas de alimento, el corégono blanco crece lentamente, midiendo sólo 8 cm a los 2 o 3 años, cuando alcanza su madurez sexual. Aparece en los lagos de aguas frías y en las cuencas de los ríos del Báltico y el mar de Barents, en la cuenca del Volga superior, en Noruega, Dinamarca, y en Alemania del norte en muchos lagos al este del Elba.

Se pesca usando redes, redes barredoras y traínas o nasas.

El corégono (1) crece muy rápidamente, alcanzando habitualmente un largo de unos 60 cm y un peso de alrededor de 3 kg. Algunos ejemplares aislados pueden medir hasta 130 cm y pesar hasta 10 kg. Tiene el cuerpo alargado, achatado lateralmente y una cabeza pequeña. El corto hocico es oblicuo, y la boca ventral carece de dientes. La pequeña aleta adiposa entre la aleta dorsal y la caudal es una característica típica de la familia, igual que en la de los salmónidos.

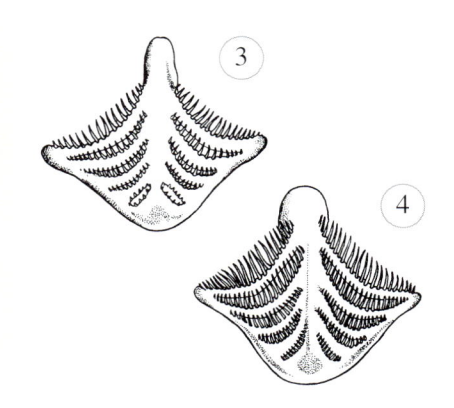

Coregonidae

El corégono blanco (2) es uno de los más pequeños representantes de la familia, y su característica distintiva es el aparato branquial. Existen diferencias en la disposición de este último en el corégono (3) y el corégono blanco (4). La situación se vuelve más compleja al tratar de distinguir las subespecies, pero el número, tamaño y forma de las branquispinas pueden ser de ayuda.

Peled
Coregonus peled

El peled habitaba originalmente los ríos y lagos que alimentan el Ártico, desde el río Mezen en el oeste hasta Kolyma en el este. En Europa central y del norte, donde ha sido introducido, crece principalmente en estanques. Los peces alcanzan allí un peso de 1 kg cuando sólo tienen 3 años de edad. En aguas abiertas vive especialmente en los lagos. Algunas poblaciones emigran a los ríos a principios de primavera para desovar. Otras poblaciones son permanentes y desovan en los lagos. La actividad sexual del peled se manifiesta en el crecimiento de una rugosidad o erupción, no sólo en los machos, sino a menudo también en las hembras. Los sitios de desove tienen substratos pedregosos o arenosos. Los huevos son amarillos y deposita entre 3.000 y 125.000.

El peled madura en su 5.º o 6.º año, y en los estanques de Europa central en el 2.º o 3.º, alimentándose de zooplancton y de pequeños crustáceos y viviendo hasta 10 años. Crece rápidamente, madura temprano y soporta las fluctuaciones de temperatura y bajo contenido de oxígeno del agua, así como su manipulación al ser transportado. Todas estas características la convierten en una especie ictiológica con buenas perspectivas de cría y comercialización.

El nasus *(Coregonus nasus)* está distribuido en las cuencas de los tributarios del océano Ártico desde Petchora a la península de Chukotsk, así como en Alaska y Canadá. Habita los lagos y los tramos bajos de los ríos, penetrando hasta en las aguas salobres. Se presenta en muchas formas que difieren entre sí biológicamente. En virtud de su gran tamaño y de su abundancia, es una especie comercialmente importante.

El peled (1) es un pez de cuerpo alto, con grandes ojos y boca terminal. En los especímenes más grandes, el lomo se eleva formando una joroba. Suele alcanzar un largo de hasta 60 cm y un peso de 2,5 kg a 3 kg. En el río Yenisei se han encontrado casos aislados de ejemplares que pesaban hasta 5 kg.

El nasus (2) es uno de los más grandes representantes de la familia; en Siberia y en el Kolyma alcanza un peso de hasta 16 kg, pero generalmente tiene un tamaño similar al Peled.

La posición de la boca es una de las características sistemáticas de la familia Coregonidae. El *Coregonus sardinella* tiene boca dorsal. El *Coregonus autumnalis* tiene boca terminal, igual que el peled. El *Coregonus lavaretus* tiene boca ventral (5), semejante a la del nasus.

Coregonidae

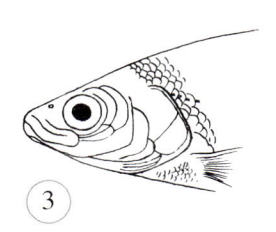

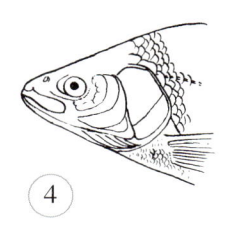

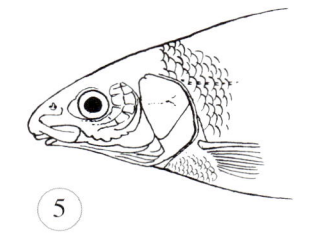

Corégono narigudo

Coregonus oxyrhynchus

El corégono narigudo está distribuido a lo largo de la costa sur y sureste del mar del Norte, a lo largo de la costa oeste del Báltico, en los grandes lagos del sur de Suecia y en algunos lagos alpinos. Gran parte de su distribución está representada por una forma migratoria que habita tanto en aguas dulces como salobres. En otoño, la forma migratoria penetra en las aguas dulces para desovar. La forma de agua dulce permanentes aparece en Suecia, en los lagos alpinos y en la cuenca del río Schlei en Alemania. La forma migratoria desova de octubre a diciembre en el lecho de arena o grava de los tramos inferiores de los ríos.

Después de la salida, la cría nada hacia el mar, donde se alimenta copiosamente y madura en su 3.er o 4.º año. La dieta de los peces jóvenes consiste en fauna planctónica diminuta, principalmente crustáceos; los ejemplares más grandes comen especialmente fauna béntica. La grave contaminación fluvial ha hecho que la reproducción de la forma migratoria del corégono narigudo se vuelva completamente inviable, causando así una disminución tan marcada de su cantidad que hoy día se ve amenazado de extinción.

El eperlano *(Osmerus eperlanus),* perteneciente a la familia *Osmeridae*, se diferencia de los miembros de las familias *Coregonidae*, *Salmonidae* y *Thymallidae*, en que su estómago consiste en un saco ciego. Habita en las aguas del hemisferio norte, apareciendo también en la forma de agua dulce permanente, netamente separada de la forma migratoria marina. La forma migratoria desova en los ríos. La cantidad de eperlanos fluctúa grandemente, dependiendo de las condiciones para la supervivencia de la cría. Cuando las condiciones son propicias, después de 3 o 4 años, cuando los pececillos del desove alcanzan la madurez, se produce una migración en masa que, por supuesto, es aprovechada para la pesca intensiva.

(4)

El corégono narigudo (1) alcanza una longitud de 25 cm a 40 cm y un peso de aproximadamente 1 kg. Es uno de los miembros más grandes de la familia, como lo prueban las capturas de algunos ejemplares de hasta 50 cm de largo y 2 kg de peso. La boca diminuta (2) y sin dientes, oculta bajo la cabeza y el alargado hocico, es prueba de que el corégono narigudo busca su alimento entre los sedimentos del fondo.

Coregonidae

El eperlano (3) es un pez pequeño. Su forma de agua dulce crece lentamente, alcanzando un tamaño de 10 cm a 15 cm, máximo de 20 cm, mientras que la forma migratoria llega a tener de 15 cm a 18 cm de largo y en algunos casos 30 cm. La cría del eperlano (4) es una copia del pez maduro en pequeña escala, conservando las características más importantes, como la pequeña aleta adiposa, la forma de la aleta caudal y de la dorsal, y la posición de la boca. Esto permite diferenciar al eperlano de otras familias emparentadas: *Coregonidae*, *Salmonidae* y *Thymallidae*.

Tímalo

Thymallus thymallus

El tímalo está distribuido en la mayor parte de los países europeos, hacia el este hasta los Urales, hacia el oeste hasta Gales y Francia, y hacia el sur hasta el norte de Italia. Vive en arroyos montañosos y submontañosos de aguas claras, frescas y bien oxigenadas, y prefiere los sitios con abundancia de escondites bajo las orillas. Puede también encontrarse, no obstante, en aguas adecuadamente uniformes, con lecho limpio, de grava o arena; pero, sobre todo, prefiere los sitios en los que las corrientes lentas se alternan con rápidos. Los tímalos son los peces típicos en esas aguas, y los tramos en los que aparece, de acuerdo con la terminología de los pescadores, es conocida como zona de tímalos. Además de estos típicos tramos rápidos, el tímalo habita también en los fríos lagos del norte de Europa, en bahías del Báltico a lo largo de la costa de Suecia y Finlandia, y, a veces, hasta en agua salobre.

El tímalo desova en masa desde marzo a mayo sobre un lecho de arena o grava, a una profundidad de aproximadamente 50 cm. Los machos construyen nidos en el fondo y las hembras entierran en ellos los huevos fertilizados. Los machos, que vigilan y protegen los huevos, se vuelven muy llamativos durante la estación del desove pues su colorido se intensifica, formándose un contraste particular entre el azul y el rojo de la aleta dorsal.

El tímalo se alimenta principalmente de insectos y larvas; los ejemplares mayores comen también pequeños peces, por ejemplo piscardos. Los tímalos cazan silenciosamente a los insectos que vuelan cerca de la superficie del agua. Surgen de las profundidades atrapándolos sin hacer el menor sonido y volviendo a sumergirse silenciosamente. Sólo allí engullen a su presa, aunque se trate de una minúscula mosca.

El tímalo (1) tiene un esbelto cuerpo alargado con una pequeña aleta adiposa en el pedúnculo. La cabeza es pequeña, con boca ventral provista de pequeños dientes. Una característica destacada es la gran aleta dorsal en forma de bandera, particularmente notable en los machos. Las hembras tienen una aleta dorsal más baja, un color menos llamativo y son más robustas en el periodo previo al desove. Los ejemplares capturados suelen medir unos 30 cm y pesar 250 g; en contadas ocasiones alcanzan 50 cm y 1 kg de peso.

Los tímalos jóvenes (2) se diferencian marcadamente en su colorido de sus padres. Se destacan particularmente las franjas cruzadas de los flancos, llamadas franjas juveniles.

Los miembros de las familias *Thymallidae*, *Salmonidae*, *Cyprinidae* y algunas otras, tienen escamas lisas y redondeadas (3) —llamadas escamas cicloideas— cuya parte más fina queda cubierta por las vecinas. La parte más pequeña y oscura de la escama es protuberante.

Timalidae

1 ♀

1 ♂

2

3

81

Umbra común
Umbra Krameri

En tiempos, la umbra fue una especie muy abundante en la cuenca del Danubio, desde Viena hasta su estuario, y en el tramo inferior del Dniéper y del Prut. En los últimos años, lamentablemente, ha desaparecido totalmente de muchas localidades, por ejemplo de los lagos Balatón y Neusiedler. Su cantidad ha disminuido también considerablemente en otras partes, debido a la desecación de vías de agua en territorios proclives a inundarse, a la canalización de los cursos y a la contaminación del agua. El típico hábitat de la umbra son los canales de irrigación, los brazos ciegos de los ríos, y los estanques y marismas de los territorios pantanosos, ricos en plantas acuáticas que le brindan refugio y protección contra los peces depredadores. Gracias a su respiración auxiliar —absorbe aire de la superficie—, la umbra puede soportar el desfavorable calor del verano, cuando se seca gran parte de los biotopos.

Habitualmente la umbra desova sólo una vez en su vida, y sólo una pequeña proporción de la población sobrevive hasta el siguiente desove. Desova de marzo a mayo. La hembra excava un hoyo en el fondo arenoso mediante movimientos circulares del cuerpo. Es sumamente agresiva, y aleja tanto al macho como a otros peces. Junto con dos o tres machos, deposita en el nido de 100 a 120 huevos viscosos en los que aparecen gotas aceitosas. Después del desove, el macho palidece y se debilita, mientras que la hembra, por el contrario, acentúa su colorido y se vuelve nuevamente agresiva, protegiendo y cuidando los huevos hasta la salida de los embriones.

La umbra es un pez de vida corta. Caza su alimento abalanzándose sobre él, tras una fase previa de disimulado y gradual acercamiento. En nuestros días se ha convertido en un pez tan escaso que en muchos países es especie protegida.

La umbra (1) tiene el cuerpo corto y robusto, que alcanza un máximo de 13 cm de largo. Las escamas se desprenden fácilmente, y se prolongan hasta la parte superior y los lados de la cabeza. La boca tiene pequeños dientes que crecen no sólo en las mandíbulas, sino también en otros huesos de la cavidad oral. La línea lateral se observa como una raya más clara a los costados, aunque carece de las típicas pequeñas aberturas en las escamas. Es capaz de mover las aletas pares de forma alternada e independiente una de otra, de modo que su locomoción hace recordar a un perro corriendo (2). Esta es la razón por la cual, hace 200 años, la llamaban perro gobio *(Gobius caninus)*.

Umbridae

① ♂

♀

La umbra pigmea (*Umbra pygmaea*) no se diferencia sustancialmente en su biología de la umbra común. Fue introducida de manera aislada en algunos países de Europa occidental, proveniente de la parte oriental de los Estados Unidos, y alcanza una longitud máxima de 12 cm.

②

Lucio

Esox lucius

El lucio habita las aguas de toda Europa, con excepción de las penínsulas del sur y Noruega, así como también en el norte de Asia y en América del Norte. Es un típico habitante de ríos tranquilos y de las aguas estancadas con abundante vegetación y de remansos y brazos fluviales laterales con posibles escondites. Vive tanto en las cálidas aguas de las tierras bajas como en los ríos submontañosos de suave corriente. Desova en marzo y abril, aun bajo el hielo, en aguas con temperatura de 5 ºC a 12 ºC. Desova exclusivamente entre las plantas, por ejemplo en prados inundados; donde no hay vegetación, no desova. Los huevos tienen una capa viscosa y se adhieren a las plantas. Su número depende del tamaño de la hembra (de 10.000 a 50.000 huevos). A veces se recurre a la reproducción artificial con la intención de mantener su cantidad en aguas abiertas.

El lucio es un típico depredador territorial, que espera escondido a su presa. Obtiene información sobre ellas gracias a sus grandes ojos y a las células sensoriales de los pequeños hoyos de la cabeza y la línea lateral. Los afilados dientes de la mandíbula y el paladar, apuntados hacia atrás, dejan a la presa muy poca esperanza de escapar. Sólo pueden lograrlo los peces más grandes, de cuerpo alto, como la brema. Los dientes no sirven para cortar, sino para agarrar la presa y empujarla hacia el esófago con movimientos alternados de la mandíbula inferior y superior. Los poderosos jugos de su aparato digestivo pueden digerir no sólo un pez atrapado, sino también el acero de un anzuelo, de una cuchara o de un cable. El lucio crece rápidamente, y los ejemplares capturados suelen medir 1 m y pesar de 5 kg a 12 kg.

El lucio es un pez favorito de los pescadores. Se introduce en los estanques como auxiliar de la carpa, para que elimine los peces que no se desea mantener.

El cuerpo del lucio (1) está perfectamente adaptado para poder lanzarse velozmente sobre su presa. Su forma cilíndrica y la posición de las aletas impares, le permiten desarrollar una gran velocidad en distancias breves con un simple movimiento de su parte trasera.

La boca, de amplia abertura, con el expandido arco branquial le asegura un desplazamiento veloz en el agua durante el ataque. La gran capacidad de expansión de las mandíbulas, arcos branquiales y abdomen le permiten ingerir un pez de cuerpo más alto que el suyo propio.

Esocidae

El pez joven (2) se caracteriza por su cuerpo bajo y esbelto. Las larvas recién nacidas (3) se adhieren a las plantas mediante un órgano larval viscoso que tienen en la frente. La nutrición de las larvas de 10 mm de largo (4) está asegurada gracias al saco vitelino. La cría que ya alcanza los 13 mm de largo caza un minúsculo zooplancton.

Rutilo común

Rutilus rutilus

El rutilo es una de las especies más comunes en las aguas europeas, faltando sólo en las penínsulas meridionales y en la mayor parte de Noruega.

Aparece en los tramos más profundos de los ríos con aguas de flujo lento, en brazos fluviales ciegos, en lagos de las tierras bajas, estanques y embalses; en casos aislados llega hasta las aguas habitadas por truchas. Una forma migratoria vive en las aguas salobres del Báltico, el mar Negro, el mar de Aral y el mar Caspio.

Desde febrero a abril, a temperaturas superiores a los 10 ºC, se produce el desove masivo. Lo hace en tramos bajos cubiertos de vegetación, cerca de la orilla, a una profundidad de hasta 1,5 m. La hembra pone entre 1.000 y 100.000 huevos, lo que explica que abunde tanto. La cría sale en 4-10 días; después de digerir el saco vitelino, adopta un método activo de obtención de alimento. La forma migratoria penetra en los ríos desde las aguas salobres para desovar. Como esta forma alcanza mayor tamaño, la hembra pone hasta 200.000 huevos. El rutilo es omnívoro; come principalmente zooplancton, así como insectos, larvas y moluscos, pero también se alimenta de plantas y detritus.

La forma migratoria es explotada comercialmente en Polonia y en las regiones de la antigua Unión Soviética, donde se pesca y se procesa industrialmente su carne. En las aguas interiores, el rutilo no reviste importancia económica aunque es muy popular entre los pescadores. En algunos estanques y obras hidráulicas de embalse, se considera como una especie indeseable, que a menudo se reproduce de forma incontrolada y da como resultado ejemplares raquíticos. Dado su pequeño tamaño y su gran cantidad, es un componente básico de la dieta de muchas especies depredadoras.

El rutilo (1) tiene un cuerpo de altura mediana, comprimido lateralmente y con boca terminal. Una característica notable es el ojo rojo, la mitad superior del cual es de un color más intenso.

La aleta dorsal comienza sobre la base de las aletas ventrales y tiene un color gris rosado, como las aletas caudal y pectoral. Las aletas anal y ventral son de color rojo anaranjado. Por esas características se diferencia del escardino, que se le asemeja. Generalmente alcanza una longitud de 30 cm a 35 cm y un peso de 0,5 kg, aunque algunos ejemplares llegan a los 2,1 kg.

Los huevos viscosos se adhieren a las finas raíces de la vegetación de la orilla, a las plantas acuáticas y ocasionalmente a pequeñas ramas (2). En los embalses de orillas pedregosas, el rutilo desova sobre el lecho (3). Como resultado de un desove muy brusco, muchos peces se raspan con las piedras hasta sangrar.

Cyprinidae

87

Rutilo del Danubio
Rutilus pigus

El rutilo del Danubio se divide en dos subespecies, una que vive en el Danubio y la otra en el norte de Italia. Habita los tramos de los ríos profundos de curso lento, estanques y brazos muertos. De abril a mayo desova en sectores bajos de las orillas con abundante vegetación. La fecundidad de la hembra es de hasta 60.000 huevos viscosos que se adhieren a las plantas y piedras del fondo. En el periodo de actividad sexual, los machos se distinguen fácilmente de las hembras.

Como muchos miembros de la familia *Cyprinidae*, los machos presentan una rugosidad característica durante el desove, que aparece no sólo en la cabeza, lomo y flancos, sino también en las aletas, incluyendo la caudal. La dieta de la cría consiste en minúsculo zooplancton; los peces más grandes comen la pequeña fauna del fondo, principalmente moluscos, gusanos y crustáceos y, en cierta medida, también plantas. Esta especie alcanza su madurez sexual entre los 2 y los 3 años, cuando tiene un tamaño de hasta 20 cm. Llega a medir hasta 40 cm y a pesar 1 kg.

Tiene muy poca importancia comercial. No se suele pescar industrialmente, aunque aparece mezclado cuando se pescan otras especies más importantes. De tanto en tanto es pescado por los pescadores.

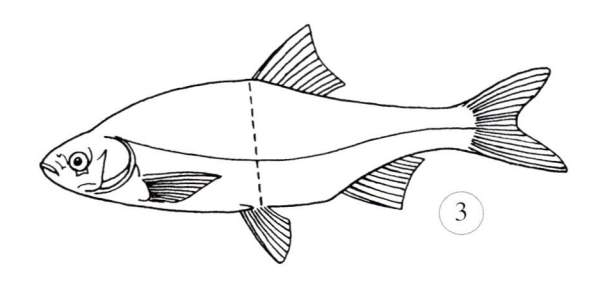

El rutilo del Danubio (1) tiene, en comparación con el rutilo común, un cuerpo más largo y esbelto, lomo verde oscuro y ojos naranja amarillento.
El epitelio de la cavidad abdominal es negro. Las grandes escamas tienen un brillo opalescente.
Las diferencias entre el macho y la hembra son insignificantes, exceptuando el periodo de la actividad sexual en que los machos desarrollan unas pequeñas papilas epidérmicas, llamada rugosidad o erupción del desove (2) en la cabeza, lomo, flancos y, a veces, hasta en las aletas.
Esporádicamente, aunque en muchos menos casos, la rugosidad aparece también en las hembras. Después del desove, desaparece.

Cyprinidae

La posición de la aleta dorsal es una importante característica sistemática que permite distinguir a los rutilos de otras especies similares de la familia *Cyprinidae*, por ejemplo el escardino. En los rutilos, la aleta dorsal crece encima de la base de las aletas ventrales (3).

Rutilo del mar Negro

Rutilus frisii

El rutilo del mar Negro está diseminado en los lagos alpinos, a lo largo del curso superior del Danubio (Chiemsee, Traunsee, Attersee, Mondsee) y sus tributarios, así como en el mar Negro y el mar de Azov, incluyendo los afluyentes de la parte noroeste y en el mar Caspio y sus afluyentes.

Las poblaciones lacustres emigran a los tributarios o tramos superiores del Danubio para desovar; allí encuentran sitios pedregosos, de aguas claras, frescas y de curso rápido, en la parte central del lecho. De abril a mayo desovan entre las plantas o sobre las piedras del fondo. Los cardúmenes de desove están compuestos por peces de 3 a 6 años de edad como mínimo y un peso superior a 1 kg. Las migraciones de las poblaciones de aguas salobres se producen en primavera y en otoño. La población otoñal hiberna en los tramos inferiores de los ríos, ascendiendo después a los tramos centrales en donde desova a principios de la primavera.

La forma primaveral penetra en los ríos después que ha comenzado el deshielo, desovando de inmediato apenas alcanzado el sitio de desove. Después de ello regresan a las aguas salobres, y las formas de agua dulce a los lagos. El rutilo del mar Negro vive de animales diminutos y, en cierta medida, también de fragmentos de plantas y de pequeños peces. Se pesca principalmente en la región del mar Negro, el mar Caspio y el mar de Azov, y con mucha frecuencia en los ríos durante el periodo de desove, usando redes o caña y sedal.

En los ríos de Italia y en las cuencas de los ríos afluyentes del Adriático, su pariente el rutilo común es una especie abundante, habitando principalmente las aguas de corriente lenta y las aguas estancadas. A pesar de su tamaño relativamente pequeño —mide sólo de 20 cm a 25 cm, 30 cm como máximo— resulta una especie importante para los pescadores que usan redes o cañas.

El rutilo del mar Negro (1) tiene el cuerpo alargado, con escamas grandes y plateadas. Normalmente alcanza una longitud de 40 cm a 50 cm y un peso de 1 kg a 2 kg. Se ha llegado a capturar un ejemplar de 71 cm y 6 kg de peso. La rugosidad en el cuerpo de los machos, a diferencia de muchas otras especies, no aparece justo antes del desove, sino en otoño y más raramente a fines del verano.

Cyprinidae

El rutilo del mar negro *(Rutilus frisii)* tiene tres subespecies dentro del área de su distribución. En los lagos alpinos y en los tramos superiores del Danubio, vive el *Rutilus frisii meidingeri*; en el mar Negro, mar de Azov y sus tributarios, el *Rutilus frisii frisii* (2) ; en el mar Caspio y en el área de sus afluyentes, el *Rutilus frisii kutum*.

El *Rutilus rubilio* (3) es más pequeño que las especies arriba mencionadas y tiene el cuerpo más alto y más corto, cubierto con grandes escamas plateadas.

Leucisco común

Leuciscus leuciscus

El leucisco está distribuido en toda Europa, con excepción de Escocia, Escandinavia septentrional y las penínsulas meridionales. Habita los tramos de bremas. Nada en pequeños grupos, generalmente cerca del fondo, donde come insectos y larvas, moluscos, huevos de peces, crías y, en menor medida, fragmentos de plantas. Hacia la tarde y la noche nada hacia la superficie, donde caza insectos flotantes. En aguas de lodo, le gusta recoger las lombrices que han sido arrastradas al agua por las lluvias. Comienza a desovar en el tercero y cuarto año de su vida, de marzo a mayo en bajíos con abundante vegetación recorridos por corrientes. En las aguas frías desova más tarde, a veces no antes de junio, depositando los huevos sobre las plantas y sus raíces subacuáticas o directamente en el fondo pedregoso.

A la inversa de muchos peces que emigran hacia los tramos superiores para desovar, el leucisco común desciende de las zonas de truchas y tímalos a los tramos inferiores. En la estación de la reproducción, el macho puede distinguirse por la característica rugosidad de desove en la cabeza, el cuerpo y las aletas pares. La hembra pone de 2.500 a 27.500 huevos de 2 mm de diámetro. Después de la salida y de haber digerido el saco vitelino, las crías se apiñan en grandes bancos. Pero a medida que el pez envejece, el cardumen disminuye su tamaño hasta desintegrarse en un gran número de pequeños grupos.

El leucisco común no es una especie particularmente abundante y además su carne es de baja calidad, con muchos huesos intermusculares. Se suele pescar con caña, usando con frecuencia moscas artificiales.

El leucisco común (1) es un pez esbelto con escamas relativamente grandes. Contrariamente al cacho, que se le asemeja, las escamas son de color uniforme, sin borde oscuro. Normalmente alcanza una longitud de 20 cm a 25 cm y pesa 200 g. Un ejemplar capturado en Inglaterra medía 30 cm y pesaba 570 g.

El leucisco común tiene una pequeña boca ventral, algo alejada del hocico (2). Su pariente el cacho tiene una boca ancha al final del hocico.

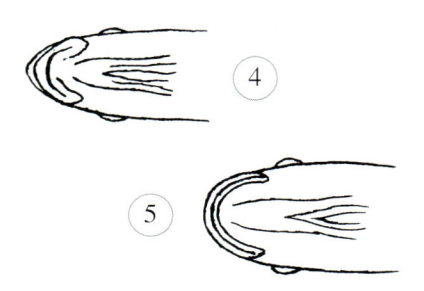

Cyprinidae

Además de la diferente forma de la cavidad oral, el leucisco común se diferencia del cacho en la forma de la cabeza. Visto desde arriba, la diferencia entre las dos especies resulta notable. El leucisco común (4) tiene la cabeza angosta, alargada hacia el hocico, mientras que la cabeza del cacho (5) es ancha y redondeada en el hocico.

Cacho

Leuciscus cephalus

Además de Irlanda, Escandinavia septentrional e islas del Mediterráneo, el cacho habita en casi toda Europa, viviendo en aguas dulces y salobres, como las del Báltico. A pesar de su gran capacidad de adaptación a todos los tipos de agua, el cacho tiene una marcada preferencia por las aguas fluyentes con lecho duro. En los ríos de las tierras bajas a menudo permanece aguas abajo de los vertederos, o en la proximidad de los desagües, donde se alimenta de los desperdicios. En aguas de truchas es una especie no muy bienvenida, pues se disputa con ellas el alimento, aparte de devorar sus huevos y alevines. El cacho es sumamente voraz y consume alimento tanto de origen vegetal como animal. Los ejemplares más grandes cazan peces ranas y crustáceos, y hasta comen frutas caídas en el agua. A pesar de eso, crece con cierta lentitud.

    Desova en primavera. En esa época los machos, y más raramente las hembras, han desarrollado la rugosidad de desove en el cuerpo y la cabeza; además de presentar un rojo brillante en las aletas anal y ventral. Las hembras ponen de 50.000 a 200.000 huevos en varias tandas. Después de digerir el saco vitelino, la cría se dedica a cazar activamente el minúsculo zooplancton. Los jóvenes cachos se mantienen en cardúmenes, mientras que los peces más viejos viven solitariamente. Permanecen apenas debajo de la superficie, registrando así cualquier eventual peligro. El Cacho es muy tímido, en particular cuando envejece.

    A pesar de ser abundante, no reviste ninguna importancia comercial. Desde el punto de vista ecológico, y gracias a su adaptabilidad, reemplaza a las especies que desparecen como resultado de la contaminación o los daños inferidos a su medio.

El cacho (1) es un pez robusto de forma cilíndrica y cabeza grande y ancha, con boca terminal. Las escamas son grandes con el borde más oscuro. Habitualmente alcanza una longitud de 40 cm a 45 cm y un peso de 0,5 kg a 1 kg, llegando a veces a medir de 60 cm a 70 cm y a pesar de 3 kg a 4 kg.

    Un ejemplar capturado en el Dniéster medía 80 cm y pesaba 8 kg.

Cyprinidae

Una característica distintiva de esta familia, es la forma de la aleta anal. El cacho (2) tiene una aleta anal ancha con borde convexo; la del leucisco común (3) es más angosta y cóncava; y la del idus (4) es ancha y cóncava.

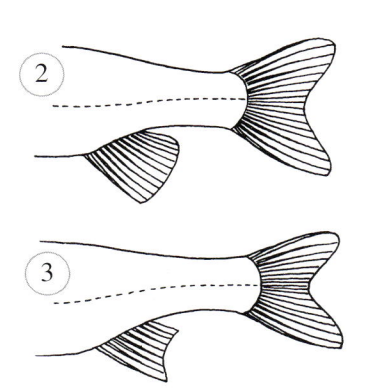

En los torrentes y lagos del sur de Croacia, vive otro miembro de esta familia, el leucisco de Makal *(Leuciscus microlepis),* que sólo alcanza un largo de 20 cm a 30 cm.

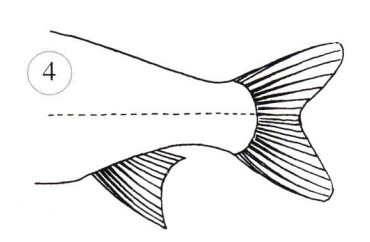

Idus

Leuciscus idus

El idus está distribuido en Europa desde el Rin hasta los Urales, estando ausente en el norte de las islas Británicas, Francia, Suiza, Noruega y la región meridional de los Alpes y el Danubio. Vive en los tramos centrales y bajos de los ríos, embalses y lagos. Ha sido también introducido como especie secundaria en algunos estanques y brazos de ríos. Prefiere las aguas profundas que fluyen suavemente, en donde vive en grandes cardúmenes que se alimentan cerca del fondo. En primavera emigra en masa a los sitios de desove, lo que hace en pareja de abril a junio. Una pareja tarda hasta 3 días en desovar, operación que realiza de manera muy vigorosa. La hembra deposita hasta 114.000 huevos sobre las plantas acuáticas o las raíces finas de la vegetación que crece cerca de la orilla.

Como en la mayoría de los *Cyprinidae*, en la época del desove aparece en el cuerpo de los idus una suerte de rugosidad o erupción, mucho más pronunciada en los machos, y ambos sexos se vuelven de un intenso color dorado. Al principio la cría vive del plancton minúsculo, mientras que los peces más crecidos comen larvas de insectos. Los ejemplares más grandes cazan insectos y peces. Alcanzan la madurez entre su 3.° y 5.° año y viven hasta los 15 años; generalmente alcanzan una longitud de 35 cm a 50 cm y un peso de 2 kg. Se capturó un ejemplar que medía 47 cm y pesaba 4,7 kg. El idus es un pez muy popular entre los pescadores con caña, pues atraparlos requiere considerable experiencia. Tiene una carne amarillenta muy sabrosa.

En la cuenca del río Cetina, en Dalmacia vive su pariente, el leucisco de Ukliva *(Leuciscus ukliva)* y en los torrentes y lagos de la cuenca del Narenta, otra especie de la misma familia, el leucisco de Turskyi *(Leuciscus turskyi)*. Ambas especies se alimentan con diminutos invertebrados, especialmente gusanos, crustáceos y larvas de insectos.

En contraste con las especies anteriores, el idus (1) tiene el cuerpo marcadamente alto, semejante al del rutilo. Sin embargo, a la inversa de este último, el comienzo de su aleta dorsal está detrás de la línea perpendicular trazada desde la base de las aletas ventrales. La forma dorada del idus, *Leuciscus idus* aber. *orfus* (2), ha sido introducida en fuentes de parques y estanques como pez ornamental, y en algunos sitios también en lagunas y lagos.

Cyprinidae

Los ejemplares jóvenes se suelen ver también en los acuarios.

El leucisco de Ukliva (3) es una pequeña especie que alcanza un largo máximo de 25 cm. Su biología no ha sido aún estudiada a fondo.

Tampoco el leucisco de Turskyi (4) crece más allá de los 25 cm y comparte con la especie precedente la raya oscura en los costados. Se diferencia, sin embargo, por su cuerpo más esbelto y el colorido diferente.

97

Vairón

Leuciscus souffia

El vairón sólo aparece en Europa central y en las cuencas del Rin, el Ródano, el Po y el Danubio. Vive principalmente en los tributarios de los tramos superior y central de dichos ríos y también en algunos lagos alpinos, en los que asciende hasta los 2.000 m.

El vairón es un pez gregario, que se congrega en lugares de flujo suave, alejados de la corriente principal. Para desovar elige lugres bajos con lecho de piedras o grava. En el periodo de desove, de marzo a mayo, en la cabeza y el cuerpo de ambos sexos, aunque se extiende más entre las hembras, aparece una rugosidad o erupción. La hembra pone de 5.500 a 8.000 huevos sobre las piedras del fondo. Tiene los mismos requisitos que el condrostoma en cuanto a las características del lugar de desove. Como la época de desove coincide en las dos especies, a menudo desovan juntas, produciéndose a veces algunos híbridos.

El vairón se alimenta de pequeños invertebrados que viven en el fondo. Le gusta también comer los insectos que han caído sobre la superficie. En los lagos vive a mayor profundidad, por lo que en ellos se alimenta con plancton. Alcanza un largo de sólo 12 cm a 18 cm, en raras ocasiones 25 cm, y un peso de 50 g a 70 g. Dada su escasa cantidad y tamaño pequeño, no se aprovecha comercialmente. Los pescadores lo usan como cebo.

(3)

El vairón (1) es un pequeño pez esbelto, de cuerpo alargado y forma cilíndrica. Una característica destacada es la raya azul oscura o negra en el flanco. El colorido es especialmente intenso en la época de desove, durante el cual el vairón tiene el lomo de color violeta azulado y el vientre blanco crema; precisamente por ello, se considera como uno de los peces más hermosos de la familia *Cyprinidae*.

Cyprinidae

El leucisco del Adriático *(Leuciscus svallize)* (2) alcanza el mismo largo que el vairón. Vive sólo en los torrentes limpios y en los ríos de aguas fluyentes al suroeste de la antigua Yugoslavia y de Albania meridional. Se desconoce la biología de su reproducción. Tiene importancia comercial sólo localmente.

La especie *Leucicus illyricus* (3) vive en los más diversos tipos de agua en el oeste de la antigua Yugoslavia. No se diferencia en tamaño de las dos especies anteriores. Poco se ha investigado sobre esta especie, a pesar de que tiene cierto valor comercial. Se pesca con redes y cañas.

Piscardo

Phoxinus phoxinus

El piscardo está distribuido en toda Europa con excepción de Escocia septentrional, gran parte de Irlanda, el norte de Escandinavia, España meridional y Portugal, así como Italia central y meridional.

Vive en torrentes, pequeños ríos y lagos con agua fresca y bien oxigenada. Es un pez gregario, que pasa la mayor parte de su vida en bancos. Con el objeto de mantener el contacto entre los peces del cardumen, cuenta con unas células mucosas diseminadas en la epidermis que excretan un mucus de olor característico. Los peces lo olfatean constantemente, pudiendo así estar siempre juntos aun de noche o en aguas cenagosas, cuando la visibilidad es nula. Sólo cuando son atacados por un depredador, el cardumen se desbanda en varias direcciones a gran velocidad y el piscardo busca refugio en hoyos de la orilla entre las piedras, ya que en las aguas bajas ni siquiera las truchas pueden alcanzarlo. Tan pronto como cesa el peligro, regresan al cardumen.

En mayo y julio el cardumen de piscardos se concentra para desovar en las zonas poco profundas y fluyentes de los cursos. Allí la hembra deposita de 200 a 2.000 huevos sobre las piedras o grava del fondo. La gran cantidad de huevos en relación con lo pequeño del pez compensa las grandes pérdidas que sufre, a causa de las truchas y otros peces depredadores.

El piscardo es muy sensible a la contaminación de las aguas Hoy en día el número de lugares donde aún aparece se ha reducido enormemente. Es parte importante de la dieta de la trucha, no resulta significativo por otros motivos.

El piscardo (1) tiene un cuerpo ahusado con aletas redondeadas. Generalmente alcanza una longitud de 6 cm a 10 cm, en raras ocasiones 14 cm. Tiene escamas sólo a los costados, diminutas y casi invisibles. Se alimenta de pequeños insectos acuáticos, para lo que sube hasta la superficie, aunque come también la pequeña fauna que vive en el fondo o la vegetación del lugar.

El mayor nivel de hormonas sexuales en la época de la reproducción produce notables diferencias entre el macho (2) y la hembra (3). El macho es más esbelto y de colores más llamativos, en especial en el vientre, que es rojo. Visto desde arriba, se aprecian los opérculos gruesos y protuberantes. En la cabeza tiene una pronunciada rugosidad o erupción de color claro.

Cyprinidae

1

2 ♂

El piscardo es uno de los más hermosos peces de las aguas europeas. La hembra es robusta, de colores menos brillantes y la rugosidad o erupción de desove aparece en ella menos marcada.

Piscardo de los pantanos

Phoxinus percnurus

El piscardo de los pantanos está extendido en toda Europa oriental y en las cuencas de los ríos que desembocan en el océano Ártico Prefiere las aguas estancadas a los lagos, estanques y zonas inundadas por los ríos, en los que busca las áreas cubiertas con vegetación. Vive a veces en condiciones extremas, como son las aguas cenagosas y cálidas en las que sólo una forma raquítica del carpín es capaz de sobrevivir. Puede soportar carencia de oxígeno, una característica que lo distingue marcadamente de su pariente el piscardo.

Los piscardos de los pantanos desovan de mayo a julio; la puesta se lleva a cabo en varias tandas, y la cantidad total de huevos va de 1.600 a 18.700. Los huevos son viscosos y se adhieren a las plantas acuáticas. Las larvas salen después de 5 a 8 días y se esconden entre las plantas los primeros días. Para poder vivir en un medio con escasez de oxígeno, está provisto de branquias externas auxiliares, situadas detrás de las branquias propiamente dichas, que se conocen como órganos respiratorios larvales. Estas desaparecen cuando se digiere el saco vitelino y las larvas se convierten en pececillos.

El piscardo de los pantanos alcanza la madurez entre el 2.º y el 3.er año de vida. Su dieta consiste en invertebrados, especialmente gusanos, larvas de insectos, insectos voladores y algunas plantas acuáticas. Desde un punto de vista económico, tiene sólo importancia local como alimento, sirviendo además como cebo para los pescadores de caña.

(3)

A diferencia del piscardo, que tiene un cuerpo alargado en forma de huso, el piscardo de los pantanos (1) es un pez de cuerpo alto y robusto que recuerda a la tenca por su forma y en cierta medida también por su color. Habitualmente alcanza una longitud de 8 cm a 15 cm, ocasionalmente 19 cm, y un peso de hasta 100 g.

Cyprinidae

Esta diferencia de forma y biología, es el resultado de los diferentes medios en los cuales viven estos dos piscardos. El piscardo de los pantanos desova sobre las plantas acuáticas que crecen en aguas estancadas (2), el piscardo sobre el lecho pedregoso de las corrientes (3).

Escardino

Scardinius erythrophthalmus

El escardino vive en el norte de Asia y Europa, con excepción de la mayor parte de Escandinavia, Escocia septentrional, los Pirineos y parte de las penínsulas Apenina y Balcánica; tampoco se encuentra en las islas europeas. Habita principalmente en aguas de tierra baja y de corriente lenta, pero también en las aguas estancadas de los embalses, estanques y brazos muertos de los ríos. Prefiere los territorios con vegetación densa, donde se mantiene cerca de las orillas. En los días soleados y cálidos los cardúmenes asoman a la superficie. Desova en mayo y junio entre las plantas acuáticas, en aguas quietas y limpias. La hembra deposita de 80.000 a 200.000 huevos viscosos en dos tandas sobre las plantas. La cría sale después de 3 a 10 días, permaneciendo pasivamente escondida en la vegetación hasta digerir el saco vitelino.

El escardino es uno de los pocos miembros de la familia de los Ciprínidos que come durante todo el año, salvo el breve periodo de desove. Los pececillos se alimentan de plancton; los ejemplares mayores principalmente de plantas, insectos, moluscos y crías de peces. El Escardino es una especie adaptable. En algunos brazos de río de aguas ácidas y con densa vegetación, es a menudo una de las últimas especies que sobreviven a esas desfavorables condiciones. Es un importante componente de la dieta de los peces depredadores.

La subespecie *Scardinius erythrophthalmus racovitzai* se ha adaptado a condiciones de vida extremas para los peces, en los cálidos manantiales de Rumania occidental. Para esta subespecie, la temperatura óptima va de los 28 °C a los 34 °C. Con temperaturas inferiores a los 20 °C perece.

El escardino (1) es similar al rutilo, diferenciándose de él por su cuerpo más alto, la posición de la aleta dorsal, el iris amarillo, las aletas ventral y anal de color rojo sangre y la aguda carena del abdomen entre aquellas.

En el escardino, la aleta dorsal (2) crece detrás del nivel de las aletas ventrales, mientras que en el rutilo crece encima de ellas. El escardino alcanza una longitud de 20 cm a 35 cm y un peso de 100 g a 800 g.

Cyprinidae

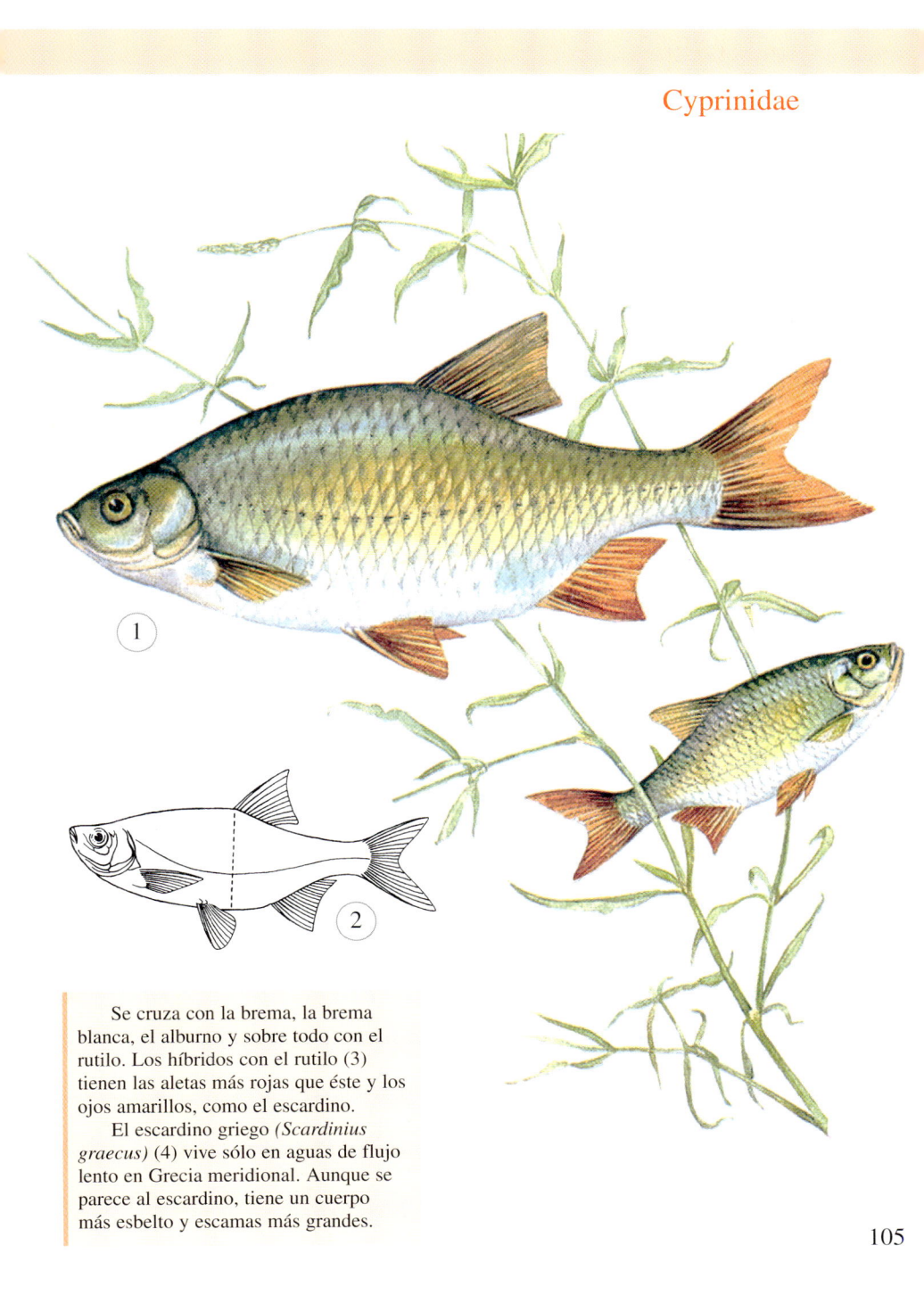

Se cruza con la brema, la brema blanca, el alburno y sobre todo con el rutilo. Los híbridos con el rutilo (3) tienen las aletas más rojas que éste y los ojos amarillos, como el escardino.

El escardino griego *(Scardinius graecus)* (4) vive sólo en aguas de flujo lento en Grecia meridional. Aunque se parece al escardino, tiene un cuerpo más esbelto y escamas más grandes.

Aspio

Aspius aspius

El aspio está distribuido en toda Europa central, al este del Elba, en los ríos afluentes del mar del Norte, Báltico, mar Negro y mar Caspio, faltando en Escandinavia septentrional, Francia e Inglaterra.

Vive en los tramos de las tierras bajas de los grandes ríos, en embalses, a veces en las aguas quietas de estanques y viejos brazos de río. Busca lugares de amplia superficie sobre aguas profundas de corriente suave y con abundantes escondites, en los que se refugia de inmediato cuando lo molestan. Es un pez depredador, con vista bien desarrollada, capaz de observar un peligro que amenaza aun desde la orilla, temeroso y solitario, que defiende el territorio donde caza su alimento. Cuando es adulto vive principalmente de peces, lanzándose contra los bancos que están cerca de la superficie. El veloz ataque está a menudo acompañado por un chapoteo en la superficie o por saltos fuera del agua. También come insectos caídos sobre la superficie.

Tiene una tasa anual de crecimiento, dependiendo de las condiciones alimenticias, de 0,5 a 1 kg, alcanzando generalmente un peso de 6 kg a 8 kg y un largo de 60 cm a 80 cm, llegando a 15 años. Los peces realizan su primer desove cuando tienen de 4 a 5 años de edad. El desove se produce de abril a junio en la corriente, sobre un lecho de grava o piedra, adhiriéndose los huevos al fondo. La salida tiene lugar después de 10 a 17 días. Las crías viven de zooplancton; los peces más pequeños comen crías e insectos; los más grandes se tornan depredadores.

Se explota comercialmente, principalmente en la antigua Unión Soviética, donde se pesca con redes y nasas, por ejemplo, en el Volga. Es un pez popular entre los pescadores de caña debido a su carácter combativo y tiene una carne blanca, firme y sabrosa.

El aspio (1) es un pez grande y esbelto; la forma de su cuerpo recuerda la de un torpedo. Tiene una gran boca terminal, aletas pectorales en punta y una aleta caudal con una profunda muesca.
El vientre es redondeado en la parte del frente, formando una carena cubierta con escamas detrás de la aleta ventral.
Es el único pez depredador de la familia *Cyprinidae*.
Tiene boca grande (2), y sus comisuras se extienden hasta debajo de los ojos.

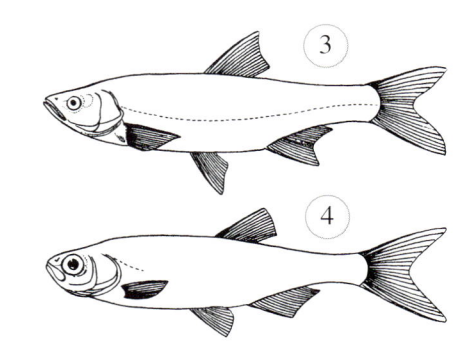

Cyprinidae

1

2

La mandíbula inferior es más larga que la superior, y su borde inferior sobresale en una protuberancia ganchuda. Las quijadas son fuertes y sin dientes; las usa nada más que para atrapar la presa. Esta es entonces devorada entera, siendo triturada por los dientes situados en los huesos del esófago.

Un aspio joven (3) se parece al alburno rayado (4), diferenciándose solo por la boca más grande, los ojos más pequeños y la línea lateral completa.

Carpa de la hierba

Ctenopharyngodon idella

El hábitat original de la carpa de la hierba es el tramo central y bajo del río Amur y sus tributarios, así como otros ríos de la China hasta la provincia de Cantón, y también en Taiwan. Con el paso del tiempo, fue introducida en Europa y recientemente también en Inglaterra y en EE.UU. La carpa de la hierba es un pez predominantemente de ríos grandes y cálidos de corriente suave, suficiente profundidad, bastantes brazos muertos y remansos con rica vegetación.

En su medio natural desova de abril hasta fin del verano, tan pronto como la temperatura del agua sube de 15 ºC a 18 ºC. La salida se produce después de unos dos días y la cría se mantiene en las partes bajas cerca de la orilla, donde se alimenta de zooplancton minúsculo, hasta que comienza a alimentarse con plantas al alcanzar los 3 cm. En Europa, la carpa de la hierba no se reproduce naturalmente. Debe ser reproducida artificialmente y los huevos incubados a una temperatura de 25 ºC. Mediante la reproducción artificial, una hembra de 1 kg de peso pone de 50.000 a 150.000 huevos.

Terminada la época del desove, la carpa de la hierba vuelve a los brazos de los ríos donde se alimenta de plantas acuáticas, organismos bentónicos e insectos que vuelan cerca de la superficie. En invierno el nivel de su actividad desciende y se retira a sitios más profundos en el lecho del río principal, en donde los peces jóvenes y los adultos hibernan en bancos separados.

En la China, la carpa de la hierba se ha venido explotando comercialmente durante los últimos 2.000 años. Su introducción en Europa no ha dado los resultados esperados. En ambientes más fríos crece muy lentamente, y en los estanques de carpas se convierte en omnívora, compitiendo con éstas. Presenta mayor potencial como controlador biológico, al eliminar la vegetación indeseable en las obras hidráulicas y en las plantas abastecedoras de agua.

Cyprinidae

(1)

La carpa de la hierba (1) tiene un cuerpo cilíndrico, alargado, que recuerda al del cacho, mientras que su colorido es similar al de la carpa. Su poderosa cabeza es de frente ancha. La boca es semiventral y las branquias se asemejan a las de los carpines. En su hábitat natural alcanza una longitud de hasta 120 cm y un peso de hasta 32 kg. En Europa alcanza un largo de sólo entre 40 cm a 80 cm y un peso de 2 kg a 5 kg.

Otras dos especies herbívoras, —la *Aristichthys nobilis* (2) y la carpa plateada *(Hypophthalmichthys molitrix)* (3) —, provenientes de las mismas regiones que la carpa de la hierba, han sido introducidas en Europa. La carpa plateada se alimenta exclusivamente de algas —fitoplancton— mientras que en el caso de la *Aristichthys nobilis* las algas sólo forman la mitad de su dieta, siendo el resto de fauna minúscula (zooplancton).

Alburno rayado

Leucaspius delineatus

El alburno rayado está distribuido en toda Europa central y oriental, desde la cuenca del Rin hasta la del Volga, y en la región del mar Negro desde el Danubio hasta el Don. Falta en Inglaterra, la península Ibérica, Italia y Francia. Vive en estanques, albercas, canales de irrigación, brazos muertos de ríos, lagos y otras aguas estancadas con rica vegetación acuática. Es un pez ágil y gregario, que se mantiene en bancos cerca de la superficie, donde se alimenta de fitoplancton y zooplancton.

Fuera de la primavera, no es posible distinguir el sexo de los alburnos rayados. Las características distintivas aparecen en el periodo de la actividad sexual, es decir, de abril a julio. La hembra tiene una papila urogenital protuberante dividida en tres partes; el macho, un orificio urogenital deprimido con la rugosidad o erupción de desove en la cabeza y cuerpo.

El alburno rayado es una especie termófila que requiere una temperatura mínima de 18 °C para desovar. Por ello lo hace en Europa en un periodo de 4 meses, dependiendo de la latitud geográfica del sitio de desove. La puesta de 100 a 2.300 huevos se realiza entre 3 y 5 tandas. Los huevos son muy pequeños y están pegados entre sí formando ristras que la hembra cuelga de las plantas acuáticas, raíces, etc. El macho vigila los huevos de 10 a 12 días, hasta que las crías se dispersan. Éstas se concentran después en grandes bancos que se alimentan de algas planctónicas cerca de la superficie.

El alburno rayado es un pez de vida corta, que no suele superar los 3 años. Está entre los peces europeos de agua dulce más pequeños, ya que sólo llega a tener de 7 a 9 cm, difícilmente 12 cm. En estanques cerrados en los que no existen peces depredadores, se reproduce abundantemente y forma poblaciones «enanas» que alcanzan sólo 3 cm de largo. No tiene importancia comercial, aunque alguna vez es usado como cebo por los pescadores de caña.

El alburno rayado (1) es un pequeño y esbelto pez con ojos llamativamente grandes y escamas que se desprenden fácilmente. Por la forma de su cuerpo y la posición de la boca, recuerda al alburno, diferenciándose por su línea lateral incompleta que termina detrás de las branquias.
El dimorfismo sexual se manifiesta en el mayor tamaño de las hembras.

Cyprinidae

Otra pequeña especie de la familia de los Ciprínidos, el foxino moteado *(Paraphoxinus adspersus)* (2), alcanza un largo de 8 cm a 9 cm, máximo de 10 cm. Aparece en algunas aguas de Dalmacia. El cuerpo está cubierto por pequeñas escamas finas. Es una especie que ha sido poco estudiada. El foxino del Adriático *(Paraphoxinus alepidotus)* (3) se parece al foxino moteado tanto en la forma como en el tamaño. Su piel apenas tiene escamas, sólo algunas que crecen a lo largo de la línea lateral. Vive en algunos ríos de Dalmacia. Desde el punto de vista comercial, estas especies carecen de importancia.

Tenca

Tinca tinca

La tenca está distribuida en toda Europa con excepción del norte de Escandinavia, el norte de Escocia, Crimea y la parte occidental de la península Balcánica. Puede soportar las aguas suavemente saladas del Báltico oriental. Prefiere las aguas quietas o de corriente suave, con fondo cenagoso y rica vegetación acuática en los cursos inferiores de los ríos, estanques, brazos fluviales muertos, albercas y embalses. Despliega una gran resistencia contra la escasez de oxígeno y puede soportar la acidez de las aguas de turba. Es una especie poco exigente y adaptable.

Busca su alimento entre las plantas; su dieta consiste en larvas de insectos, moluscos, gusanos y otra pequeña fauna. Vive también de la fauna del fondo, extrayendo a los animales del fango con el hocico y recogiéndolos junto con los detritus mediante su protuberante boca ventral. Crece bastante rápidamente, la hembra algo más rápido que el macho; usualmente alcanzan una longitud de 30 cm a 40 cm y un peso de 1 kg a 2 kg; en casos excepcionales, hasta 60 cm y 7 kg de peso.

La tenca es un animal gregario que vive en pequeños bancos. Como es una especie termófila, desova relativamente tarde, de mayo a julio. Los entre 80.000 y 827.000 huevos son puestos en 2 o 3 tandas con intervalos de hasta catorce días entre sí. Si la temperatura del agua desciende por debajo de los 5 °C, el cardumen de tencas se retira a sitios más profundos, hibernando sin moverse y sin alimentarse, encima del fondo o sepultado en el barro. La tenca es una de las especies de peces mejor conocidas y se considera de gran importancia comercial. Junto con la carpa se la siembra como especie suplementaria en estanques y embalses de varios países europeos.

La tenca (1) tiene un cuerpo robusto y corto, con cabeza cónica. Su color cambia de acuerdo con el medio; en aguas bajas con escasa vegetación, es de un dorado oliváceo con labios anaranjados amarillentos; en aguas más profundas, con rica vegetación, es de un verde oliva más oscuro.

La tenca es uno de los pocos peces en los que el sexo se reconoce fácilmente, aun fuera del periodo de desove, debido al tamaño y la estructura de las aletas ventrales (2).

Cyprinidae

En la edad adulta, estas aletas son pronunciadamente grandes y más largas en los machos que en las hembras, extendiéndose hasta el orificio anal e incluso más allá cuando están pegadas al cuerpo. Además, durante la época de desove, en los machos aparece la clásica rugosidad o erupción.

En las fuentes de los parques, los estanques de los jardines y los acuarios, se suelen mantener estas formas de tencas: doradas, rojas y también anaranjadas con manchas oscuras en el lomo (3).

Condrostoma común

Chondrostoma nasus

El condrostoma común está ausente en Europa en la parte europea septentrional de la antigua Unión Soviética, en Escandinavia, Dinamarca, las Islas Británicas y la península Apenina. Hasta hace poco faltaba también en la cuenca del Elba, aunque penetraba en su curso inferior a través de los canales y pasos de agua del Rin. Habita en las zonas de barbos, tímalos y a veces en las de truchas, con aguas de corriente rápida, aunque también se adapta a la vida en las aguas quietas de un embalse. Una condición esencial para su presencia es un lecho de grava rico en bacilos y algas, que come durante todo el año junto con la pequeña fauna.

A principios de la primavera, cuando la temperatura sube a 6 °C u 8 °C, los bancos de condrostomas comunes de por lo menos 3 o 4 años de edad, emigran de sus hogares curso arriba hacia los sectores menos profundos con corrientes, para desovar.

El banco comprende varios centenares de ejemplares. Los machos, cubiertos por la característica rugosidad o erupción, se concentran en el centro del lugar de desove. Las hembras se reúnen con ellos en la corriente, nadando apartadas de los machos. Estos inmediatamente las rodean y las hembras se aparean vigorosamente con varios machos a la vez, poniendo de 800 a 1.000 huevos. En los terrenos de desove más grandes, después de producirse aquél, el lecho queda usualmente cubierto con una capa de huevos de varios centímetros. Deben lamentarse considerables pérdidas a causa del aplastamiento de los huevos y de los peces depredadores que se los comen. Salen en unos 10 días a una temperatura de 25 °C. El condrostoma común es una especie de vida moderadamente larga, alcanzando entre 6 y 10 años.

Su carne no es particularmente sabrosa y contiene además un gran número de espinas, pero a pesar de eso se pesca, especialmente en el Rin, el Danubio, el Dniéper y el Volga.

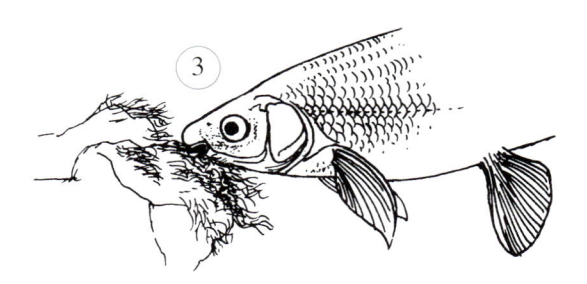

Cyprinidae

El condrostoma común (1) tiene un cuerpo esbelto, alargado, adaptado para el movimiento en torrentes. Las escamas son grandes y la aleta caudal profundamente hendida. La forma del cuerpo recuerda la de su pariente, la vimba, aunque se distingue fácilmente de ella por la forma del hocico y la boca en forma de tajo (2).

Generalmente alcanza una longitud de 25 cm a 40 cm y un peso de 1,5 kg. Un ejemplar capturado en el Danubio medía 51 cm y pesaba 2,5 kg.

Cuando está sobre la vegetación que crece entre las piedras del fondo, el condrostoma común apunta con la cara corriente arriba (3).

Cuando extrae alimento de entre las piedras, pone el cuerpo en dirección contraria y entonces es posible ver desde la superficie el característico resplandor de sus flancos plateados.

Madrilla, o Loina

Chondrostoma toxostoma

Esta es otra especie de chondrostoma que vive también en las aguas europeas.

La madrilla vive en los ríos del suroeste de Francia, España y Portugal; en Francia vive a veces junto al Condrostoma común. Prefiere los pequeños ríos y los grandes arroyos con agua rápida y limpia y orillas pedregosas. Forma cardúmenes numerosos que, de marzo a mayo, se retiran para desovar en lechos de grava, y con frecuencia en pequeños arroyos. La hembra pone de 500 a 8.000 huevos.

La madrilla vive principalmente de algas; en menor medida se alimenta también con la pequeña fauna que vive en la vegetación entre las piedras. Su carne es algo insípida, muy grasa, con muchas espinas. Su principal utilidad consiste en ser parte de la dieta de las truchas.

El *Chondrostoma genei* habita los tramos centrales de los grandes ríos en Italia septentrional y central. Su modo de vida no difiere demasiado del Condrostoma común. Es una especie muy poco frecuente como para resultar de significativa importancia. El *Chondrostoma kneri* sólo puede ser hallado en los tramos centrales de los ríos en Dalmacia y Bosnia. Dado lo pequeño del área de distribución y su escasa cantidad, no tiene importancia comercial.

Otra especie conocida en el norte de Eslovenia es el *Chondrostoma phoxinu*, que habita los tramos superiores poco profundos y veloces. Como otras especies emparentadas, come la pequeña fauna del fondo y, en menor medida, también la vegetación. Como es una especie pequeña y escasa, no es comercialmente significativa.

Por la forma de su cuerpo, la madrilla (1) recuerda al condrostoma común, aunque tiene un hocico más pequeño y una boca pequeña y arqueada. Es también de tamaño pequeño, alcanzando entre los 20 cm y 25 cm, en raras ocasiones 30 cm, con un peso de 300 g a 500 g.

El *Chondrostoma genei* (2) tiene el hocico apenas desarrollado, la boca arqueada y una llamativa raya oscura a lo largo de sus flancos. Crece hasta alcanzar una longitud de sólo 15 cm a 20 cm, en casos aislados hasta 30 cm.

Cyprinidae

El *Chondrostoma kneri* (3) se parece al *Chondrostoma genei* en la forma del hocico y en la boca arqueada. Sin embargo, a simple vista se diferencia de este último por la falta de la raya oscura en los costados. Alcanza un largo de sólo 15 cm a 18 cm, 20 cm como máximo.

El *Chondrostoma phoxinus* (4) es el más pequeño de todas las especies mencionadas, llegando a medir 15 cm sólo en casos aislados. Comparado con los demás condrostomas, éste tiene las escamas menores. La biología de su reproducción es desconocida.

Gobio

Gobio gobio

El gobio habita las aguas europeas, con excepción del norte de Escandinavia, la península Ibérica, Italia meridional y Grecia, apareciendo como una amplia gama de subespecies dentro de su área de extensión.

Vive en ambientes muy variados, que van desde arroyos de montaña a estanques, embalses, albercas y tramos de ríos en tierras bajas. Aparece incluso en agua marina con baja concentración de sal, en el norte y este del Báltico. Requiere agua clara y templada, con corriente suave y fondo pedregoso o arenoso. Desova de abril a junio. La hembra pone de 800 a 3.000 huevos unidos entre sí formando pequeños grupos, y en 3 o 4 tandas con intervalo de varios días. La cría sale de los 6 a los 20 días, permaneciendo agrupada cerca del sitio de desove, donde caza alimento minúsculo, principalmente zooplancton del fondo.

Los gobios adultos son sumamente voraces. Su actividad alimenticia no decrece ni siquiera en invierno, cuando se mudan a mayores profundidades. El gobio madura a los 2 o 3 años y vive habitualmente hasta los 3. No tiene una gran importancia económica. En algunos países, como por ejemplo en Francia, se lo pesca para preparar platos nacionales típicos. Sirve como alimento de los peces depredadores.

El gobio de Kessler *(Gobio Kessleri)* es similar al gobio. Aparece en las cuencas del Danubio y el Dniéster, en Rumania en los ríos Vilsan y Arges, en las aguas de los afluyentes del Báltico y en Polonia en el río San. Vive en ríos submontañosos y arroyos, en tramos poco profundos con torrentes y fuerte corriente. Alcanza un largo de sólo 10 cm a 12 cm, en ocasiones hasta 15 cm. Su forma de vida no se conoce en detalle.

El gobio (1) tiene un cuerpo alargado, ahusado, casi circular en su zona media, con el vientre ligeramente achatado. Recuerda al barbo, tanto por la forma de su cuerpo como por los barbillones de la boca, que tienen posición ventral.
Sin embargo, contrariamente al barbo, tiene sólo un par de barbillones carnosos en las comisuras de la boca, que se extienden al máximo hasta el borde posterior del ojo. El gobio es un pequeño pez que alcanza de 10 cm a 15 cm de largo y pesa de 100 g a 200 g.

Cyprinidae

Cuando es molestado, busca una depresión en el lecho y se aplasta contra él a velocidad fulminante, permaneciendo allí inmóvil. Las manchas diseminadas en su cuerpo tienen una función protectora, y su tono corresponde al del ambiente en el cual vive el pez (2). Los peces de aguas profundas, donde el fondo tiene un color monótono, son más oscuros y las manchas están menos contrastadas; los peces de aguas claras y poco profundas, con fondo de grava, son más claros y sus manchas más pronunciadas.

El gobio de Kessler (3) se destaca por la franja oscura que corre junto a la línea lateral.

Gobio de aletas blancas
Gobio albipinnatus

El gobio de aletas blancas está distribuido en las cuencas de los ríos Danubio, Dniéper, Don y Volga. A la inversa del gobio, tiende a aparecer más en los tramos centrales y bajos de los ríos de tierras bajas, aunque no evita los lugares con aguas estancadas y depósitos de fango. En las orillas de las zonas inundadas, cuando el nivel del agua disminuye, aparecen grandes cardúmenes de crías del gobio de aletas blancas.

Es un pez gregario. Se reúne en bancos en las partes más profundas de los ríos, donde hay peces de otras especies del mismo tamaño. Uno de los habituales acompañantes de estos bancos es el gobio. Los cardúmenes peinan el fondo pescando pequeña fauna, principalmente gusanos, crustáceos y larvas de insectos. El gobio de aletas blancas es una especie más pequeña que sus parientes, alcanzando una longitud de sólo 8 cm a 12 cm, y más raramente de 13 cm. Desova en los meses de primavera. Durante ese periodo, los machos se distinguen por su erupción de desove. Aún no se cuenta con conocimientos detallados sobre su vida.

En los sitios donde aparece en gran número es un importante alimento para las especies depredadoras. Localmente, es utilizado por los pescadores como cebo.

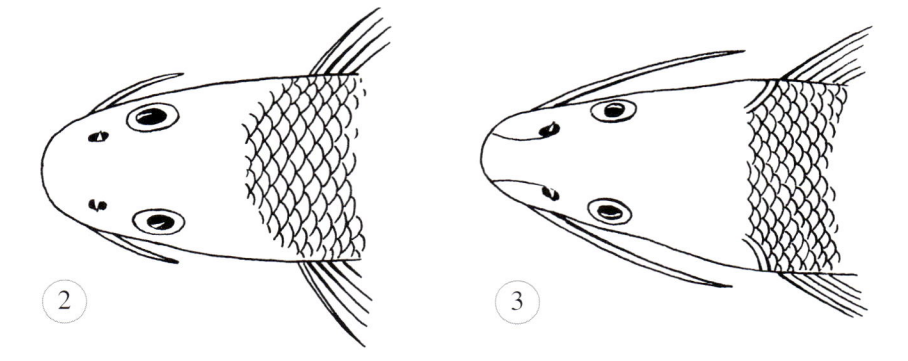

Cyprinidae

El gobio de aletas blancas (1) se parece al gobio y al gobio del Danubio *(Gobio uranoscopus)* por la forma de su cuerpo y el color, diferenciándose de ellos por sus aletas dorsal y caudal, de un uniforme color claro.

Se diferencia además del gobio del Danubio (3) por sus barbillones más cortos y las escamas en la parte superior de la cabeza, que en el caso del primero se extiende hasta el hocico.

También pueden hallarse diferencias en la garganta. El gobio de aletas blancas (4) carece de escamas en esa zona, mientras que sí está provisto de ellas el gobio del Danubio (5).

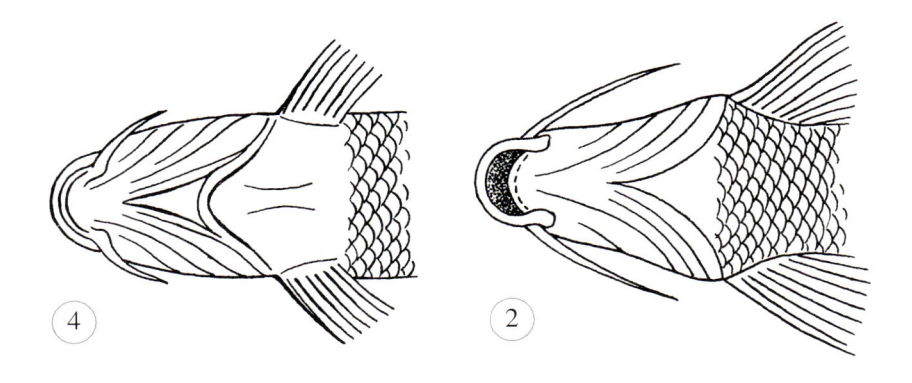

121

Gobio del Danubio

Gobio uranoscopus

El gobio del Danubio aparece sólo en la cuenca del Danubio. Vive en los rápidos de los ríos submontañosos grandes y pequeños, prefiriendo los tramos con corriente fuerte, terrazas y aguas turbulentas. En los lugares adecuados, forma pequeños grupos que se mantienen en el fondo a una profundidad de 25 cm a 50 cm. Desova en mayo y junio en la corriente, sobre las piedras cubiertas con vegetación. Como en el caso de otras especies de esta familia, su dieta consiste en la fauna del fondo, en la que prevalecen larvas, gusanos y crustáceos. La cantidad de gobios del Danubio es baja, pues se trata de una especie rara. Como resultado de la contaminación de los ríos y las interferencias en sus cursos, su población decrece constantemente, por lo que en muchos países ha sido incluido entre las especies protegidas.

El gobio del Cáucaso *(Gobio ciscaucasicus)* está distribuido en la parte suroeste de la antigua Unión Soviética: en la cuenca de los ríos Terek, Kuban, Kuma, Sulak y otros. Se reproduce de mayo a junio, pero se desconocen los detalles de sus hábitos de desove. Como otros gobios, come la fauna del fondo. Alcanza un largo de 11 cm a 14 cm, muy pocas veces llega a los 15 cm.

Una verdadera etapa intermedia entre los gobios y los barbos está representada por el gobio dálmata *(Aulopyge hugeli),* que aparece sólo en Dalmacia y Bosnia. Vive en el fondo de las aguas de corriente rápida, en donde busca pequeños animales, especialmente larvas de insectos y gusanos. A pesar de alcanzar un largo máximo de sólo 13 cm, tiene importancia económica local.

El gobio del Danubio (1) es la única especie europea que tiene escamas en la garganta. Los típicos barbillones carnosos y largos se extienden detrás de los ojos hasta las branquias. Cinco o seis manchas oscuras, que se continúan sobre el lomo y hacia los costados, cumplen la función protectora cuando se mira desde arriba. Gracias a ello y a su tamaño, consigue no llamar la atención.

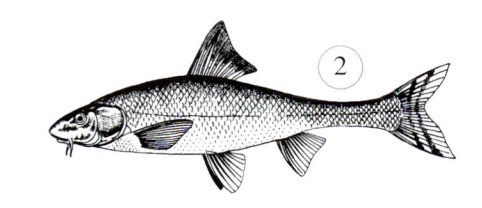

Cyprinidae

El gobio del Cáucaso (2) se parece al barbo. Tiene un cuerpo algo más alto, de un discreto color verde oliva sin manchas. La garganta no tiene escamas en muchos ejemplares, aunque también aparecen especímenes que si las tienen. Los barbillones son relativamente largos y se extienden hasta el borde posterior del ojo. El gobio dálmata (3) tiene el hocico largo con 4 barbillones, una mandíbula inferior alargada, una línea lateral ondulada y la piel lisa y sin escamas. Las hembras se diferencian de los machos por sus cuerpos más anchos.

Barbo

Barbus barbus

El barbo está diseminado a través de Europa occidental y central, incluyendo la cuenca del Danubio. Está ausente de Escandinavia, Dinamarca, Irlanda y las penínsulas meridionales. Puede hallarse en la corriente principal de los ríos con fondo de grava y piedra, entre las que busca refugio. Es un típico pez de cursos profundos, con aguas de flujo rápido, y de los tramos superiores y centrales de los ríos que, debido a eso, se denominan zonas de barbos.

Es activo sobre todo de noche, pero se alimenta también de día después de las tormentas cuando las agitadas aguas contienen pequeños animales arrastrados por la lluvia. Sin embargo, la principal fuente alimenticia es la que se halla en el fondo del río. El barbo busca en la arena y grava del fondo en grupos de tamaños variables, reuniendo las piedras con sus barbillones y después dándole vuelta con el hocico para alcanzar los gusanos, moluscos y larvas que se ocultan debajo. El barbo enriquece además su dieta con huevos, crías y, alguna vez, con pequeños peces, sin excluir el alimento vegetal. Cuando el agua se enfría, deja de comer e hiberna en las partes más profundas del río.

Desde el punto de vista ecológico su valor reside en el hecho de que busca su alimento en el lecho principal del río, donde hay una corriente relativamente fuerte, mientras que otras especies que viven en el mismo ambiente se mantienen más bien en las orillas.

En la época de mayo a agosto, los cardúmenes de Barbos emigran a los tramos superiores para desovar. Las hembras ponen hasta 50.000 huevos. En los machos aparece la clásica erupción de desove. Las hembras crecen más rápidamente que los machos, y alcanzan un tamaño más grande. El barbo es un favorito de los pescadores de caña. La hora ideal para perscarlo es hacia la noche o, en aguas cenagosas, después de las lluvias.

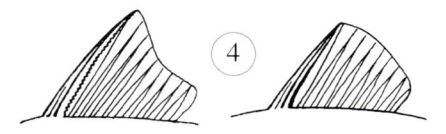

El barbo (1) es un pez robusto, cilíndrico, de vientre chato. Su cuerpo está cubierto por pequeñas escamas. Su color está adaptado al del fondo en las aguas profundas. Los ejemplares más jóvenes, que se mantienen en aguas bajas, tienen manchas irregulares en el cuerpo. Habitualmente alcanza un largo de 30 cm a 60 cm y de 0,5 kg a 2 kg de peso, llegando raramente a medir hasta 1 m y a pesar de 8 kg a 12 kg. Un ejemplar récord capturado en el Dniéper pesaba 16 kg.

Cyprinidae

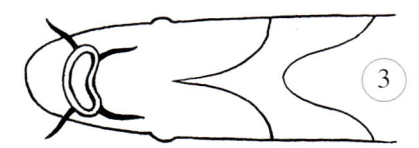

El barbo tiene una aleta dorsal alta, pero corta (4). El último radio de ésta es marcadamente dentado. En su pariente, el barbo meridional *(Barbus meridionalis),* este radio es liso (5).

La boca del barbo (2) tiene posición ventral y está rodeada de labios carnosos y cuatro barbillones.
La posición ventral de la boca y la situación de los barbillones pueden ser vistas desde abajo (3).

125

Barbo de montaña
Barbus meridionalis

El barbo de montaña aparece en diversas y separadas poblaciones en la parte suroeste de la península Ibérica, el sur de Francia, el norte de Italia, los Balcanes y la parte norte de los Cárpatos en el Wisla, el Danubio y el Dniéper. Vive en un medio similar al del barbo, pero prefiere los tramos más altos de los cursos, es decir, la zona de tímalos. En los sitios en que ambas especies viven juntas, se produce el cruce. De mayo a junio, los bancos de barbos de montaña remontan la corriente hacia los sitios de desove. Lo hacen en la corriente sobre un fondo de grava y piedra, a veces también sobre la vegetación acuática. Los machos son muy llamativos por su típica erupción. Después de la salida, la cría busca un remanso poco profundo, de aguas quietas, donde se reúne en cardúmenes y caza el diminuto plancton.

En su territorio, los ejemplares adultos permanecen entre las piedras en la corriente principal, o cerca de las orillas, donde pueden encontrar alimento y refugio. Su dieta consiste en la pequeña fauna del fondo. A la inversa del barbo, se quedan en su territorio original aun en invierno.

Debido a su pequeño tamaño, esta especie tiene menos importancia económica que el Barbo, sirviendo más bien de alimento para los depredadores, especialmente los Salmónidos.

Dentro de su distribución están comprendidas gran variedad de subespecies. Por ejemplo, el barbo turco *(Barbus cyclolepis),* que vive en el agua fluyente de las cuencas de algunos ríos afluentes del Báltico, el mar Negro y el Egeo, como el Kisla, el Struma o el Maritsa. Su importancia comercial no es significativa.

El barbo de montaña (1) es más pequeño que el barbo. Crece hasta alcanzar una longitud de 10 cm a 30 cm y un peso de 150 g a 250 g, en contadas ocasiones hasta 40 cm y 500 g.

En su lomo, flancos y aletas, presenta manchas irregulares, no sólo en la juventud sino también cuando es adulto. Las escamas son más grandes que las del barbo.

Cyprinidae

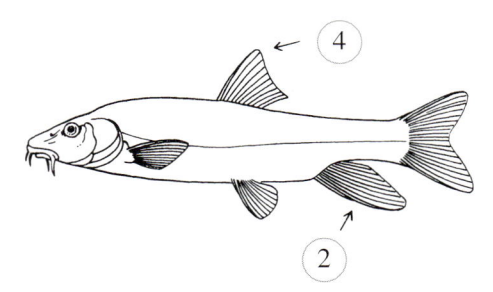

El barbo de montaña (2) se diferencia del barbo (3) por su aleta anal más larga, que cuando está recogida se extiende hasta la base de la aleta caudal. El último radio de la aleta dorsal es liso (4), mientras que en el barbo es dentado (5).

El barbo del sureste de Europa (6) raramente alcanza los 40 cm de largo. Se alimenta principalmente de invertebrados, huevos y pequeños peces; también de plantas, cuando es joven. Desova a principios de la primavera en tramos de corriente rápida sobre fondo de grava y piedra.

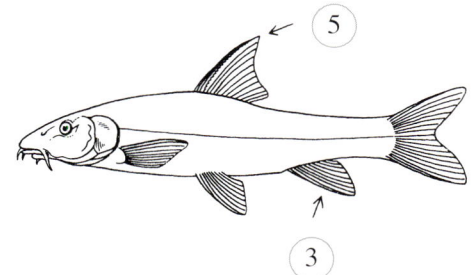

Barbo del Aral

Barbus brachycephalus

El barbo del Aral aparece en el agua salada de la parte suroeste del mar Caspio y en el mar de Aral. Se remonta hasta los tramos superiores de las rías para desovar. La migración principal se produce en junio y julio. Las hembras se vuelven sexualmente maduras durante la migración y mientras están en el río, pero no desovan hasta abril o mayo del año siguiente. La fecundidad de las hembras es relativamente alta; ponen entre 1.000.000 y 1.500.000 de huevos. Después de la salida, la cría es arrastrada corriente abajo hacia los tramos inferiores de las ríos

La mayoría de las hembras jóvenes regresa directamente al mar, mientras que los machos permanecen en aguas dulces por espacio de 3 a 5 años. Después de que maduran sexualmente y desovan por primera vez, generalmente regresan al mar, donde se alimentan principalmente de moluscos marinos; durante su permanencia en los ríos comen moluscos de agua dulce y diversa fauna del fondo, incluyendo peces pequeños. Durante su migración a los ríos no se alimentan en absoluto. El barbo del Aral es una especie de gran importancia comercial, que se pesca principalmente en el periodo de la migración para desovar.

La especie *Barbus plebejus* habita en los Alpes meridionales, en toda Italia, Sicilia, y en Dalmacia. Como otras especies de barbos, vive en aguas claras de curso rápido con fondo duro. Come la fauna del fondo y parte de la vegetación. Es bastante significativa desde el punto de vista comercial.

En los tramos superior y central de los ríos que desembocan en el mar Caspio, vive el barbo caucasiano *(Barbus ciscaucasicus)*. El barbo griego *(Barbus graecus)* vive sólo en el río Aquelbo, en Grecia. Es un pez de tamaño mediano e importancia comercial local.

El barbo del Aral (1) es un pez grande que alcanza un largo de 0,5 m a 1 m y un peso de 2 kg a 6 kg. Un ejemplar capturado medía 120 cm y pesaba 25 kg. En relación a su cuerpo, tiene escamas más pequeñas que las otras especies. En el delta del Amur se encuentran ejemplares aislados, de cuerpo marcadamente alargado. La causa de esta forma es desconocida.

Cyprinidae

Las características típicas del *Barbus plebejus* (2) son las pequeñas manchas irregulares en el cuerpo y en las aletas impares. Alcanza una longitud de sólo 25 cm a 30 cm. El barbo caucasiano (3) es de color verdoso con manchas más oscuras y vientre amarillento. Crece hasta alcanzar de 20 cm a 35 cm, en raras ocasiones llega a los 39 cm. El barbo griego (4) es de color amarillo castaño, con el lomo castaño y el abdomen amarillento. Alcanza de 30 cm a 40 cm de largo, y en casos aislados los 45 cm.

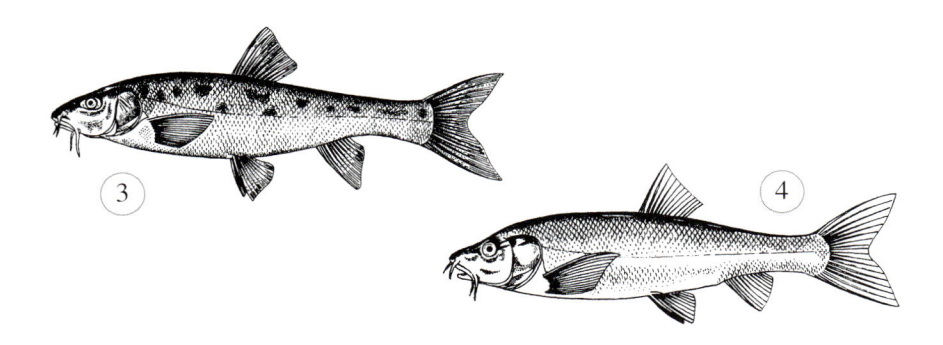

Alburno

Alburnus alburnus

El alburno vive en casi toda Europa, menos en el norte de Escandinavia, Escocia, Irlanda y las penínsulas meridionales. Aparece en gran número en lugares con aguas de curso lento o estancadas, en los tramos inferior y central de los ríos. Comúnmente se encuentra en embalses, lagos, canteras abandonadas y en estanques de zonas inundadas. Se agrupa en bancos cerca de la superficie, donde captura animales que han caído sobre ella. Puede saltar fuera del agua para atrapar un insecto que vuela cerca de la superficie; en el agua caza larvas y zooplancton. En invierno reduce su ingestión de alimentos y se retira a sitios más profundos. En aguas que no contienen depredadores, puede reproducirse de forma considerable.

Desova desde fines de abril a principios de julio. Los bancos de peces sexualmente maduros (al menos de 1 a 3 años) buscan sitios cerca de la orilla donde no haya corrientes. Los machos se reconocen fácilmente por su típica erupción de desove. Las hembras adhieren de 5.000 a 6.500 huevos a las plantas y al limpio substrato de grava. Al cabo de un año, el joven pez habrá alcanzado los 10 cm, que es la mitad del tamaño que alcanzará en toda su vida, que raramente sobrepasa los 6 años. El alburno representa un importante componente de la dieta de los peces depredadores. En algunos embalses se pescan con redes; a veces, también con caña.

El alburno bimaculado *(Alburnoides bipunctatus)* tiene una distribución similar, sólo que no se extiende tanto hacia el norte como hacia al sur. Habita principalmente los tramos de aguas claras y poco profundas. La biología de estas dos especies no difiere substancialmente. El alburno bimaculado tiene huevos más pequeños, por lo que su cantidad es mayor.

El alburno (1) tiene un cuerpo esbelto, achatado en los costados, con el lomo casi recto. La cabeza es pequeña, con grandes ojos y boca terminal apuntando hacia arriba. El cuerpo está cubierto por escamas relativamente grandes que se desprenden fácilmente. Entre las aletas ventrales y el ano hay una aguda quilla sin escamas. En los lagos y embalses se halla una forma de cuerpo más alto y lomo arqueado. Alcanza una longitud de 15 cm a 17 cm y un peso de 15 g a 30 g. El pez más grande capturado hasta ahora medía 25 cm y pesaba 111 g.

La línea lateral es una característica distintiva; en el caso del alburno (3) es sencilla, y en el del alburno bimaculado (4) está bordeada por una doble franja de lunares negros.

El alburno bimaculado (2) es un pez diminuto, que alcanza apenas una longitud de 15 cm a 17 cm y un peso de 30 g a 40 g. Se diferencia del Alburno por su cuerpo más corto y alto y su colorido más brillante.

Cyprinidae

Alburno del Danubio

Chalcalburnus chalcoides

Esta especie está distribuida en los ríos que desembocan en el mar Negro, el mar Caspio y el mar de Azov, y en las aguas salobres de esos mares. Vive también en el mar de Aral. Se presenta en dos formas: permanente y migratoria. La forma permanente de agua dulce habita los tributarios del curso superior del Danubio, los lagos alpinos y las aguas salobres del mar de Aral. La forma migratoria habita las aguas salobres de las costas marítimas.

Cuando los peces tienen de 3 a 7 años emigran a los ríos para desovar. La migración se produce durante otoño e invierno, cuando el pez asciende a los tramos centrales e hiberna. En primavera continúa su viaje, y en mayo y junio desova. En algunos ríos los peces emigran a principios de la primavera y desovan apenas llegan al sitio de desove. Los machos pueden distinguirse fácilmente por la rugosidad de desove en la cabeza y frente del cuerpo. El desove se lleva a cabo de noche, y las hembras ponen de 2.500 a 40.000 huevos. La cría sale después de 2 o 3 días y después de digerir el saco vitelino, es arrastrada lentamente corriente abajo hacia el mar. Los peces adultos regresan al mar lo más pronto posible. Como no han comido durante la migración, se alimentan copiosamente en el viaje de regreso. Se nutren con la fauna del fondo, plancton, larvas, insectos de la superficie y pequeños peces.

El alburno del Danubio es muy numeroso en algunas zonas. Alcanza un tamaño considerable, y la carne de la forma migratoria es grasa y muy sabrosa, par lo que reviste una gran importancia comercial. Se pesca durante la migración. Las formas residentes se pescan con menos frecuencia, ya que crecen más lentamente y su carne no es de tan alta calidad.

El alburno del Danubio (1) es un pez largo y esbelto. La aleta anal está vuelta hacia el lomo, de manera que su base está detrás de la de la aleta dorsal. Tiene el colorido típico de los peces de aguas abiertas. El lomo oscuro protege al pez cuando se mira desde arriba, y el lomo claro lo vuelve invisible cuando se mira desde abajo. Crece hasta alcanzar un largo de hasta 40 cm y un peso de 800 g.

El alburno italiano *(Alburnus albidus)* (2) es un pez esbelto, más pequeño, parecido al alburno. Mide sólo de 10 cm a 15 cm, llegando raramente a los 20 cm. Aparece en las aguas de Italia meridional, donde ocupa el lugar del alburno. Aparte de su dieta, que es idéntica a la del alburno, su biología no ha sido muy estudiada, pero las diferencias entre las dos especies son en general insignificantes.

Cyprinidae

Brema de Bjoerkn

Blicca bjoerkna

La brema de Bjoerkn está distribuida en aguas europeas desde Francia hasta las Urales, faltando en las penínsulas meridionales y en el norte de Noruega, Suecia, Finlandia y las islas Británicas. Habita los tramos bajos de los grandes ríos, en la zona de bremas, los embalses, lagos, brazos muertos de ríos y estanques. Busca los lugares tranquilos, donde permanece cerca del fondo en aguas profundas. En algunos cursos suele ser muy abundante. Cuando no existen depredadores, se reproduce excesivamente y forma poblaciones débiles.

De abril a junio nada hacia las orillas poco profundas para desovar. En el límite norte de su área de distribución, el periodo de desove se extiende hasta julio. Los machos presentan la típica erupción de desove en el cuerpo y en las primeras rayas de las aletas pectorales. Las hembras ponen de 11.000 a 109.000 huevos en las plantas acuáticas u otros objetos sumergidos, incluyendo las piedras del fondo. No ponen todos los huevos de una sola vez, si no en 2 o 3 tandas. Los huevos de la primera tanda son más grandes. Sus sitios de desove, así como la época en que se produce, son a menudo compartidos par la brema, el rutilo y el escardino. Hay a veces híbridos de estas especies, pero son estériles. La cría de la brema de Bjoerkn sale a los 10 o 14 días. Después de digerir la provisión del saco vitelino, se alimentan de zooplancton; los ejemplares más maduros comen larvas y plantas. Las machos maduran en parte en su segundo año de vida; las hembras, entre el tercero y quinto año. La brema de Bjoerkn puede vivir hasta 16 años.

A pesar de ser una especie abundante, la brema de Bjoerkn tiene poca importancia económica, pues su carne es de pobre calidad con gran número de espinas intramusculares. Desde el punto de vista ecológico, es un importante componente de la dieta de los peces depredadores.

La brema de Bjoerkn (1) tiene cuerpo alto lateralmente aplastado, cabeza relativamente pequeña, grandes ojos y una pequeña boca semiventral. En los peces adultos, hay una franja de piel sin escamas detrás de la cabeza, en la zona frontal del lomo. La quilla entre las aletas ventral y anal tampoco tiene escamas. El pez alcanza una longitud de 15 cm a 20 cm, en casos aislados 35 cm y un peso de 500 g. Los ejemplares récords capturados pesaban entre 1,2 y 1,8 kg.

A primera vista, la brema de Bjoerkn recuerda a la brema, diferenciándose de ella por el color rojizo de sus aletas. La aleta anal es más corta y comienza detrás de la base de la aleta dorsal. Otra importante característica distintiva de la brema de Bjoerkn y de la brema es el tamaño de los ojos y la posición de la boca. La primera tiene ojos grandes y boca semiventral (2) ; la segunda tiene ojos más pequeños y boca ventral y protuberante (3).

Cyprinidae

135

Brema
Abramis brama

La brema está distribuida en casi toda Europa, con excepción de Escandinavia septentrional, Escocia, las penínsulas Ibérica y Apenina, y la parte occidental y meridional de la península Balcánica.

Es un pez típico de los tramos bajos de los grandes ríos, conocidos como zona de bremas. Aparece también en embalses, brazos muertos de ríos, estanques, albercas y lagos de las canteras abandonadas. Puede tolerar las aguas salobres en el estuario de algunos ríos. Permanece en aguas abiertas y profundas, nadando a las orillas durante la noche o la tarde para buscar alimento, o de abril a junio para desovar.

Las hembras ponen unos 587.000 huevos de 1 a 3 tandas sobre las plantas acuáticas, raíces o sustrato sustituto, como por ejemplo la grava del fondo de los embalses recién construidos. La actividad reproductiva es colectiva y vigorosa, por lo que pueden producirse daños y la muerte de gran número de peces cuando el desove se produce sobre un substrato inadecuado. A fin de proteger la especie, los pescadores colocan nidos artificiales hechos con ramas entrelazadas, generalmente de abeto, en las aguas que no tienen vegetación. A una temperatura de 12 °C a 16 °C, los huevos se desarrollan y abren en a los 3 o 4 días.

La brema está entre las especies de peces más grandes. Al igual que en otras especies, el crecimiento de los ejemplares depende de la cantidad de la población, así como de la abundancia de otras especies que demanden el alimento. En el caso de que escasee éste, o no existan depredadores, se forma una población raquítica de lento crecimiento. Es una especie comercialmente significativa. En particular en Europa central, suele criarse en viveros; tiene una carne sabrosa, ligeramente grasa.

La brema (1) tiene un cuerpo notablemente alto, aplastado a los lados, cubierto con grandes escamas que se desprenden fácilmente. La cabeza es relativamente pequeña en comparación con el cuerpo. Las aletas son largas, en punta y de color azul grisáceo.
La aguda quilla sin escamas se extiende hasta el orificio anal entre las aletas ventrales, y la aleta anal es larga.
Alcanza generalmente un largo de 30 cm a 40 cm y pesa 0,5 kg a 2 kg.

Cyprinidae

La brema no madura en el breve espacio de 1 a 2 años, sino en cualquier momento desde el segundo al séptimo año de vida. Es una especie longeva, llegando hasta los 20 o 25 años.

Su boca (2) es ventral y muy protuberante, adaptada para extraer alimento del fondo. Durante el desove, los machos presentan la típica erupción en la cabeza, frente del cuerpo y aletas pectorales.

Brema del Danubio
Abramis sapa

La brema del Danubio vive en los grandes ríos afluyentes del Báltico, el mar Negro, el mar Caspio y el mar de Azov, y en la región de los tributarios del mar de Aral. Aparte de la forma permanente de agua dulce, también aparecen formas migratorias en las aguas salobres, que después emigran a los ríos para desovar. Cuando maduran sexualmente, los peces de entre 3 y 4 años emigran en abril y mayo corriente arriba hacia lugares menos profundos. La hembra pone de 5.000 a 42.000 huevos en la corriente sobre fondo de grava.

Después del desove, los padres regresan a sus tramos de origen. Los jóvenes peces se alimentan con zooplancton; los más grandes consumen preferentemente alimento del fondo, así como fragmentos de plantas y detritus. En comparación con otras especies, la brema del Danubio crece lentamente y es la más pequeña y menos numerosa especie de la familia de los Ciprínidos.

El ballerus *(Abramis ballerus)*, está entre las especies de tamaño mediano de la familia de los Ciprínidos. Aparece en las aguas dulces que desembocan en el mar del Norte, el Báltico, el mar Negro y el mar Caspio, desde el Rin al Neva y desde el Danubio hasta los Urales. Vive en aguas quietas de los tramos bajos de los ríos, así como en las aguas estancadas de embalses, estanques o brazos muertos de los ríos. En muchos sitios de la zona de bremas, es más abundante que la brema misma. A veces nada hacia aguas salobres. En abril y mayo emigra en cardúmenes a lugares poco profundos, con corrientes y plantas acuáticas, para desovar. Madura con 3 o 4 años y vive unos 18. Es una especie de importancia comercial. En los grandes ríos, por ejemplo el Danubio, y en algunos embalses forma una sustancial proporción de las capturas con red.

La brema del Danubio (1), tiene un cuerpo relativamente más largo y bajo que otras bremas, aunque es la de menor tamaño. Hay ejemplares de 10 años que miden unos 75 cm y pesan 300 g aproximadamente.

El ballerus (2) en comparación con la Brema, a la que se asemeja, es más pequeño, más esbelto y tiene una cabeza más puntiaguda. El ballerus vive en muchos sitios junto con la brema del Danubio, pero a pesar de ello no le disputa su alimento. La posición ventral de la boca de la brema del Danubio (3) prueba el hecho de que la usa para extraer alimento del fondo. Por el contrario, la boca terminal del ballerus (4), que apunta hacia arriba, está adaptada para cazar alimento planctónico en el agua.

Cyprinidae

Tanto la brema del Danubio como el ballerus tienen una larga aleta anal (5) con entre 37 y 48 radios. La brema y la brema de Bjoerkn tienen una aleta anal más corta, con sólo entre 21 y 30 radios.

Vimba

Vimba vimba

La vimba está distribuida en las aguas que desembocan en el mar del Norte y el Báltico, desde el Weser hasta el Neva, en el sur de Suecia y en Finlandia, así como en los ríos que mueren en el mar Negro y el mar Caspio desde el Danubio a los Urales. Vive en bancos en la zona de bremas en los tramos bajos de los ríos. Como especie semimigratoria, emprende migraciones de hasta varios centenares de kilómetros, penetrando hasta la zona de barbos en los tramos centrales de los ríos. Prefiere las aguas profundas sobre fondo de piedras o grava, pero puede también hallársela en embalses y lagos y a veces hasta en aguas salobres.

Para desovar, emigra corriente arriba en bancos. Los peces de 3 y 4 años desovan desde principios de abril hasta julio en corrientes suaves sobre fondo pedregoso. La hembra habitualmente pone hasta 200.000 huevos viscosos en 2 o 3 tandas. Hasta que digieren el saco vitelino, los alevines viven pasivamente entre las piedras del fondo. Las crías viven de zoo≠plancton. Los peces más grandes escarban en el fondo con el hocico y recogen larvas, gusanos y otros pequeños invertebrados, con sus bocas ligeramente protuberantes.

Los obstáculos creados para la migración de desove por la construcción de fábricas, así como por la creciente contaminación de los ríos, ha provocado una apreciable disminución en la cantidad de vimbas. La vimba tiene una carne sabrosa, especialmente en los meses de invierno, cuando su contenido graso aumenta. En algunos lugares tiene gran importancia económica. Es buscada afanosamente por los pescadores de caña. Las capturas alcanzan habitualmente un largo de entre 20 cm y 30 cm y un peso de 250 g a 500 g; ocasionalmente, de 40 cm a 50 cm y de 1 kg a 3 kg.

> La vimba (1) se asemeja superficialmente a las bremas, pero se diferencia de ellas por su cuerpo más bajo y alargado y la posición de la aleta dorsal, que comienza en la línea perpendicular del extremo posterior de la base de las aletas ventrales. La aleta dorsal y la forma de la boca son también distintas. Características típicas de la vimba son la forma de la cabeza, la quilla sin escamas en el lomo entre la cabeza y la aleta dorsal, y la quilla sin escamas detrás de esa aleta.

Cyprinidae

La cabeza de este pez es alargada y termina en un hocico agudo (2) debajo del cual se encuentra la boca ventral, arqueada y con labios carnosos. Es una de las pocas especies de Ciprínidos que cambian marcadamente de color durante la época del desove. Los machos (3) tienen el lomo y los flancos muy oscuros o negros. Este color contrasta notablemente con el anaranjado de parte de la cabeza, vientre y aletas pares. Aparece también la típica erupción o rugosidad en la cabeza y el lomo.

Peleco
Pelecus cultratus

El peleco aparece en dos formas dentro de su zona de distribución: el área que alimenta el Báltico, desde el Oder hasta el Neva, el mar Negro desde el Danubio al Kuban, y el mar Caspio y el mar de Aral.

La forma semimigratoria vive principalmente en las aguas semidulces de los estuarios de los grandes ríos. Para desovar emigra a las aguas dulces. La migración se lleva a cabo en dos períodos y es más numerosa a fines del verano, desde julio hasta que los ríos se hielan. En primavera, de abril a mayo, algunos pocos peces realizan una segunda migración. Las hembras ponen de 10.000 a 58.000 huevos en sectores del lecho del río principal con rápidos, o en aguas bajas con fuerte corriente. Los huevos son pelágicos y son arrastrados corriente abajo, hinchándose en el agua. A una temperatura de 12 °C, su desarrollo tarda entre 3 y 4 días. Las larvas, así como los huevos, siguen viajando corriente abajo. Las crías viven de zooplancton, los peces más grandes de insectos caídos en la superficie y, desde el segundo año en adelante, principalmente de peces. Al principio cazan las crías de otras especies, y más tarde peces pequeños, principalmente arenques en aguas salobres.

Además de la forma semimigratoria, el peleco aparece también en la forma residente, viviendo permanentemente en la corriente principal en los tramos inferiores de los grandes ríos y en brazos fluviales con curso libre de agua.

Es un pez de superficie, que permanece en bancos cerca de las áreas donde obtiene alimento.

El peleco es explotado comercialmente en las regiones del mar Negro y el mar Caspio, así como en el mar de Aral. Tiene carne grasa con gran número de pequeñas espinas, que no es particularmente sabrosa cuando es fresca, por lo que se prepara ahumada. En los últimos tiempos su población tiende a decrecer progresivamente.

El peleco (1) recuerda más por la forma de su cuerpo al arenque o a los peces voladores que a los componentes de la familia de los Ciprínidos.
Una característica destacada es el lomo recto con la corta aleta dorsal que está situada muy atrás, sobre la aleta anal. Otras características especiales son el vientre, curvado en forma de arco, y la línea lateral sumamente ondulada.
La aleta caudal tiene una profunda muesca.

Cyprinidae

El cuerpo está cubierto de escamas que se desprenden fácilmente. El peleco suele alcanzar una edad de 8 años, un tamaño de 30 cm a 40 cm y un peso de 300 g a 400 g. Los récords de capturas pertenecen a las poblaciones semimigratorias. En la cabeza (2) destacan los grandes ojos y una boca pronunciadamente dorsal. Desde abajo (3), la compresión lateral del cuerpo y las largas y puntiagudas aletas pectorales son claramente visibles. La aguda quilla sin escamas forma el alomado del vientre, que en la ilustración aparece dibujada como una línea longitudinal.

Ródeo

Rhodeus sericeus

El ródeo se localiza en el norte de los Alpes, y está ausente en Escandinavia, Dinamarca y en gran parte de las islas Británicas. El límite occidental de su principal área de distribución está formado por la cuenca del Ródano, y el oriental por la región del mar Caspio.

Vive en remansos de lodo en los tramos inferiores de los ríos, viejos brazos fluviales, pequeños lagos y estanques con vegetación. El mejillón cisne (del género *Anodonta*) y las almejas de agua dulce (género *Unio*) comparten ese hábitat, y su presencia es una necesidad absoluta para el éxito de la reproducción del ródeo, de abril a agosto. Durante ese periodo, en la hembra crecen ovipositores de 5 cm a 6 cm de largo detrás del orificio anal. Los machos, que en la primavera han escogido sus conchas, al principio alejan a los otros machos de ellas, e incluso a las hembras sexualmente inmaduras. Pero cuando se acerca una hembra madura, la atraen hacia la concha, donde cumplen un complejo ritual. Una sola hembra pone entre 40 y 100 huevos en la cámara branquial del molusco. El macho atrae entonces a otras hembras a la misma concha, o la deja para otra pareja. Una sola valva puede contener hasta 200 huevos, que se esconden entre las láminas branquiales durante todo el período de desarrollo, es decir de 15 a 20 días. No abandonan el mejillón hasta 2 ó 3 días después de digerir el saco vitelino. A partir de ahí viven principalmente de zoo y fitoplancton, y los peces completamente desarrollados de animales que viven en el fondo.

El Ródeo es un pez de vida corta, que llega a un máximo de cinco años. Alcanza un largo de 5 cm a 8 cm, y en raras ocasiones 10 cm. No tiene importancia comercial. Su carne es algo amarga pero a sus depredadores naturales no les disgusta. Debido a su brillante colorido y a su interesante biología, se mantiene a veces en acuarios.

El ródeo (1) es un pequeño pez. Se diferencia del carpín, que se le asemeja, por los brillantes colores de su cuerpo y la falta de manchas oscuras en la base de la aleta caudal, típicas de los jóvenes carpines. En el período de desove, los machos se diferencian de las hembras por sus colores más brillantes y por la erupción que aparece en todo su cuerpo.

La reproducción del ródeo es un ritual bastante complejo. El macho atrae a la hembra a un mejillón.

Cyprinidae

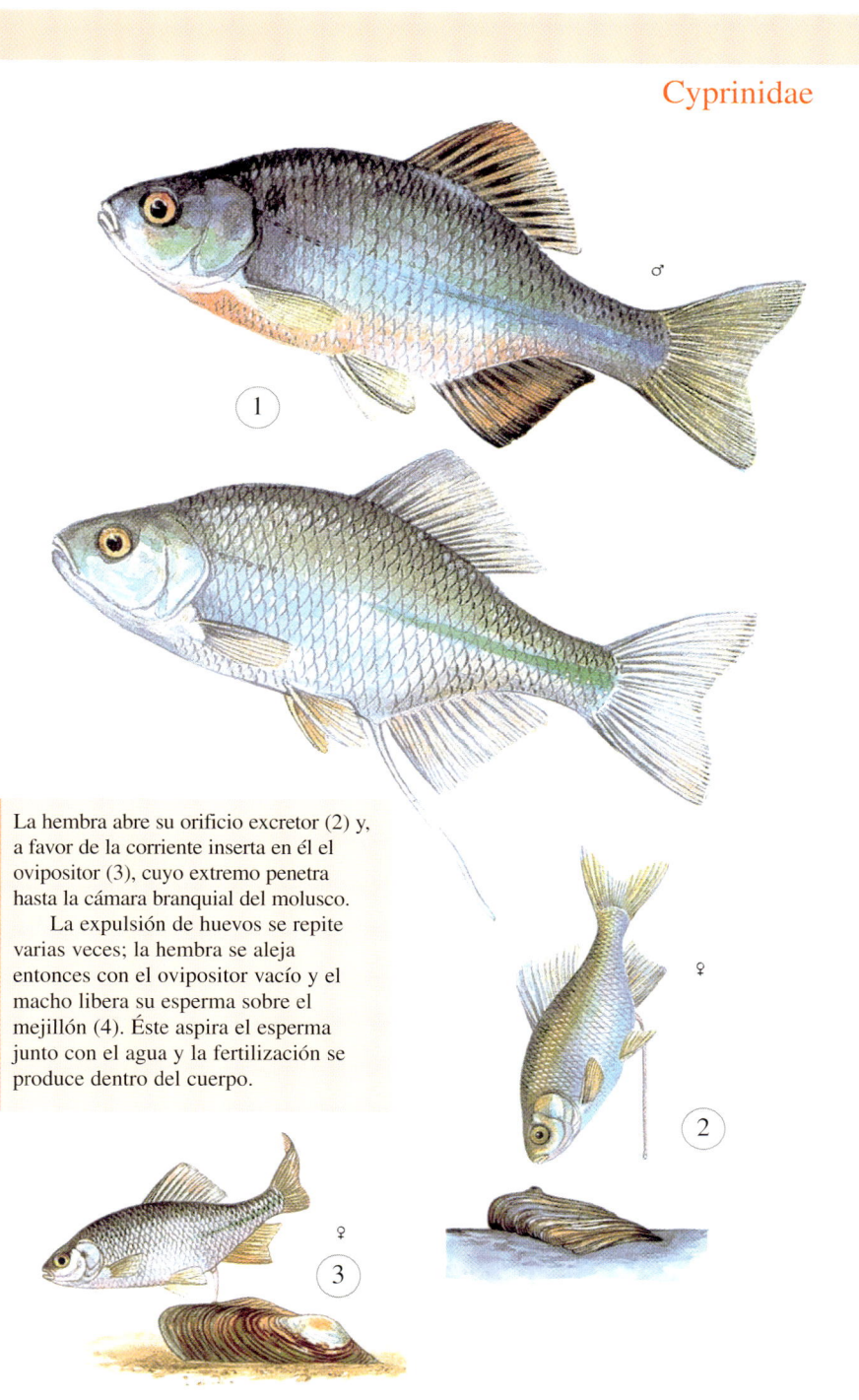

La hembra abre su orificio excretor (2) y, a favor de la corriente inserta en él el ovipositor (3), cuyo extremo penetra hasta la cámara branquial del molusco.

La expulsión de huevos se repite varias veces; la hembra se aleja entonces con el ovipositor vacío y el macho libera su esperma sobre el mejillón (4). Éste aspira el esperma junto con el agua y la fertilización se produce dentro del cuerpo.

Carpín

Carassius carassius

Originariamente solía encontrarse al carpín en los ríos tributarios del mar del Norte, Báltico y mar Negro, así como en los del Ártico hasta el Lena, pero en los últimos tiempos ha sido introducido con la carpa común en otras zonas de Europa. Habita principalmente en aguas quietas de las tierras bajas, con abundante vegetación y fondo cenagoso, siendo relativamente raro en los ríos. Junto con la carpa, ha sido introducido en las lagunas y recientemente también en algunos embalses. Es una especie poco exigente, adaptable, que crece en aguas donde ninguna otra especie sobreviviría. Por ejemplo, se la halla en lagunas poco profundas y cubiertas de vegetación, que en invierno se hielan y en verano se calientan considerablemente, bajando el contenido de oxígeno casi hasta cero. Dependiendo de las condiciones ambientales, se presenta con muy diversas formas y tamaños, desde grupos de cuerpo alto y rápido crecimiento, hasta ejemplares enanos, cuyas características no son hereditarias; cuando una población raquítica es trasladada a mejores emplazamientos, en la siguiente generación se produce un cambio favorable y recuperan la típica forma de cuerpo alto.

El medio típico del carpín tiene vegetación en el fondo, donde se alimenta de pequeña fauna y plantas. En verano se alimenta copiosamente, pero pasa el invierno en estado de reposo, sin comer en absoluto. En las aguas poco profundas, que se hielan hasta el fondo, es capaz de sobrevivir siempre que los fluidos corporales no se hielen. Desova en mayo y junio; la hembra pone hasta 300.000 huevos viscosos en las plantas.

Su importancia es más ecológica que económica, ya que habita aguas en las que otras especies son incapaces de vivir.

Al contrario que la carpa, el carpín (1) tiene un cuerpo alto y corto, con la cabeza más pequeña, hocico romo, la boca hacia arriba y sin barbillones. El iris es plateado y la aleta dorsal convexa. Otra diferencia con la carpa (2) es el opérculo branquial, convexo y fruncido (3). El carpín es también mucho más pequeño y crece hasta alcanzar un largo de entre 15 cm y 30 cm y un peso de 0,5 kg a 1 kg. La forma atrofiada (4) tiene el cuerpo mucho más bajo, la cabeza relativamente grande y una mancha oscura frente a la aleta caudal.

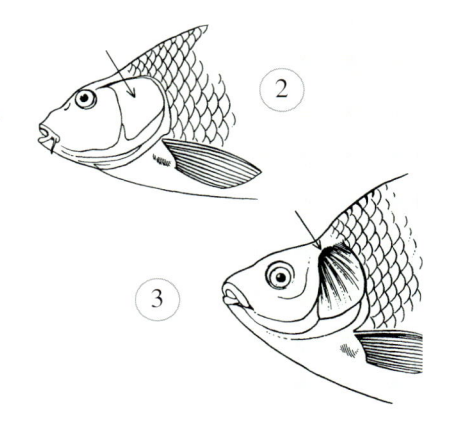

Cyprinidae

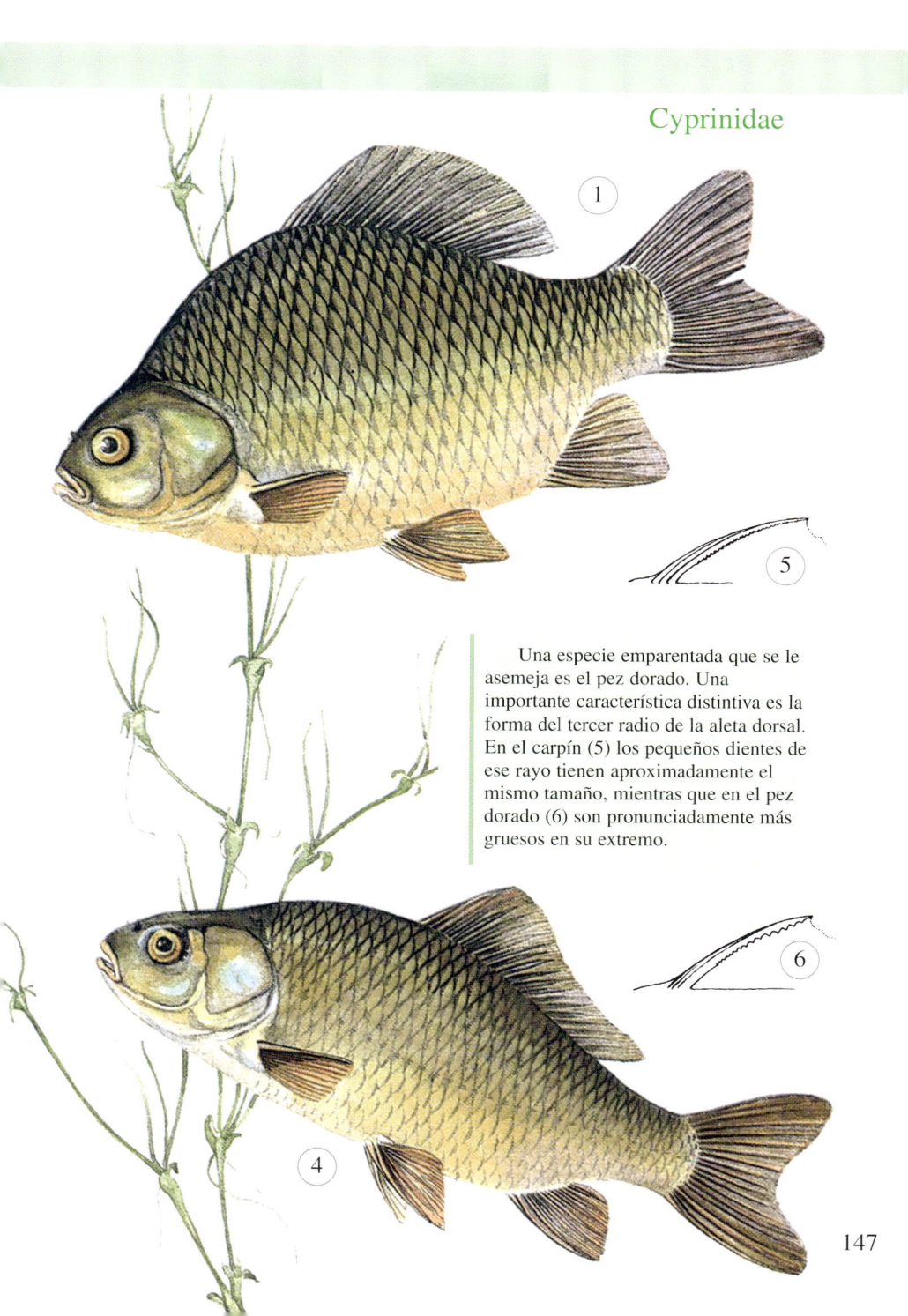

Una especie emparentada que se le asemeja es el pez dorado. Una importante característica distintiva es la forma del tercer radio de la aleta dorsal. En el carpín (5) los pequeños dientes de ese rayo tienen aproximadamente el mismo tamaño, mientras que en el pez dorado (6) son pronunciadamente más gruesos en su extremo.

Pez dorado

Carassius auratus

El pez dorado fue introducido en Europa por los portugueses en el siglo XVII como pez de acuario, traído del Extremo Oriente. Hoy en día aparece en grupos medianos y aislados en Europa septentrional, central y oriental, como resultado de evacuación de acuarios y su introducción junto con otras especies hervíboras. Como a menudo se lo confunde con el carpín, su distribución exacta no es conocida, aunque se considera que Europa forma su límite occidental. Habita en los tramos bajos de los grandes ríos, brazos fluviales, y grandes lagos y lagunas. Vive también en los ríos, en su corriente principal.

Se reproduce ginogenéticamente, y la mayoría de la población europea consta sólo de hembras que desovan con los machos de otras especies de la familia, como carpas, tencas, bremas y escardinos. Pero las células sexuales de los machos de esas especies no se fusionan con el núcleo del huevo del pez dorado; no obstante, penetran la membrana exterior, fecundan el huevo para que se segmente y después perecen. Más hacia el este, los machos predominan en la población, con lo que el equilibrio normal de los dos sexos se recupera.

El pez dorado es omnívoro. Crece mejor que el carpín y se pesca principalmente en el delta del Danubio y en el Extremo Oriente. En los sitios donde no se captura, la población de peces dorados aumenta considerablemente y compite con las especies nativas explotadas comercialmente.

El pez dorado (1) puede distinguirse del carpín por su color plateado o dorado, la ligera muesca en las aletas dorsal y anal, la forma marcadamente convexa del opérculo branquial y la depresión en la coronilla, sobre la que la musculatura dorsal forma una giba característica. Cuando se abre la cavidad abdominal, aparece también una diferencia interna: la pigmentación negra.

Habitualmente alcanza una longitud de 10 cm a 15 cm y un peso de 200 g a 300 g. Los ejemplares de la población ginogenética siempre suelen ser más grandes.

La forma dorada (2) se criaba originalmente en la China, de donde vino el más antiguo pez de acuario en el mundo, el carpín velado (3).

La crianza durante largos años ha logrado producir no sólo variaciones en el color, sino también muchas formas extrañas, como los telescopios, los cabeza de león, los ovoides, los cometas, etc.

Cyprinidae

Carpa común

Cyprinus carpio

La forma salvaje de la carpa se origina en Manchuria, en la China. Desde los ríos que afluyen al mar Negro, en los que fue introducida, ha penetrado el área del Mediterráneo y el mar Caspio, así como la cuenca del mar de Aral. Aparece también en el Océano Pacífico, desde el Amur al Mekong. Es una especie gregaria y termófila, que prospera mejor en las aguas entibiadas por el sol de los ríos de baja altitud.

Desova de mayo a julio a una temperatura de 15 °C a 20 °C en aguas bajas y cálidas en las que crecen plantas acuáticas, o en terrenos inundados con vegetación terrestre. En los machos aparece una fina erupción. Las hembras adhieren entre 50.000 y 1.664.000 huevos a las plantas, en varias tandas. Entre cada puesta pasa aproximadamente una semana. A pesar de su tiempo de desarrollo relativamente breve, muchos huevos se convierten en presa de las percas, cachos y escardinos, compensándose las grandes pérdidas así sufridas con la altísima fecundidad. Ya al alcanzar un tamaño de sólo 2 cm, el joven pez busca alimento en el fondo, comiendo larvas de quironómidos y otros pequeños invertebrados, así como plantas y semillas.

En Europa, la carpa común sólo se alimenta en la estación cálida, y su mayor actividad nutricional se produce cuando se alcanzan los 20 °C. Cuando las temperaturas caen por debajo de los 8 °C, deja de alimentarse y busca lugares más profundos, donde hiberna en estado de letargo. Todos sus procesos físicos se reducen, y se mantiene mediante reservas acumuladas de energía. Durante el invierno consume del 5% al 15% de su peso. La carpa es un pez de importancia comercial, aunque la forma salvaje no se pesca hoy en día, dado el escaso número de su población.

La carpa común (1) tiene un cuerpo alargado en forma de huso que termina en una cabeza corta y roma. Visto desde arriba, se aprecia claramente el ancho de su cuerpo que, junto con la baja altura, da lugar a una forma cilíndrica, bien adaptada para el movimiento en las rápidas aguas de los ríos. Se diferencia de la forma cultivada no sólo por su cuerpo bajo, sino también por su color.

Cyprinidae

Tiene el lomo oscuro, castaño verdoso o verde grisáceo, los flancos más claros color castaño oliváceo, y el vientre blanco amarillento o blanco crema.

Los Ciprínidos tienen escamas cicloideas lisas (3). Otra característica particular son los dientes de las fauces, que crecen en el hueso del quinto arco branquial y están dispuestos en tres hileras (4) en el caso de la carpa. Esos dientes están ocultos entre las cortas y gruesas branquispinas internas.

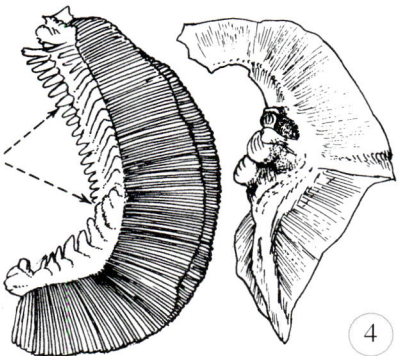

Carpa de laguna

Cyprinus carpio

Esta es una forma cultivada que se diferencia en muchos aspectos de su antepasado salvaje, pues es el producto de largo tiempo de crianza de la carpa en condiciones artificiales. La cría de las carpas fue introducida en Europa por los romanos, y la continuada por los monjes. Ellos desarrollaron un sistema para criar carpas en lagunas y las distribuyeron por toda Europa. La crianza en lagunas tuvo un prodigioso desarrollo en la Edad Media. Se construyeron muchos estanques, tan sólidos y con tan acertado conocimiento que aún hoy en día sirven para ese propósito.

En las lagunas, las carpas hallan las condiciones óptimas para su crecimiento, alcanzando una longitud de 50 cm a 60 cm y un peso de 4 kg a 5 kg. Se sabe de capturas récords que medían 1 m y pesaban hasta 31 kg. El crecimiento de la carpa depende en gran medida de la cantidad de alimento y de las épocas del año en que puede hallarlo. Por esa razón alcanzan un mayor tamaño en las regiones cálidas de sus aguas nativas que en Europa. Por ejemplo, en el sureste alcanza un tamaño mayor que en el norte, donde, a causa de la baja temperatura, no puede ni siquiera desovar. Puede también hallar condiciones apropiadas en los embalses y ha penetrado asimismo en los ríos, en los que se ha convertido en una forma salvaje. Esta es la razón por la cual casi ha desaparecido del Danubio.

Los últimos especímenes de carpa salvaje desovan junto con la forma cultivada, y los híbridos resultantes tienden a perder las características típicas de la forma salvaje, por ejemplo su resistencia a los parásitos y las enfermedades. Por ello los pescadores están tratando, mediante cruces controlados, de transmitir esas características positivas a la carpa de criadero, aumentando así su resistencia.

La carpa de laguna, cultivada (1), se diferencia notablemente de la forma salvaje por la forma de su cuerpo.

Es un pez de cuerpo alto, con el lomo que se empina marcadamente desde la cabeza. A menudo también el abdomen es arqueado. La forma cultivada tiene también distinto color. El lomo es azul grisáceo, los flancos verdosos o azulados, y el vientre amarillo huevo o blanco crema. Mediante el cruce selectivo se han obtenido peces con distintos tipos de escamas y hasta sin escamas. Esta forma es conocida como carpa lisa o carpa desnuda (2).

En las aguas en que viven las carpas con los carpines, a menudo se produce el cruce entre las dos especies. El carpín tiene, como las carpas, dos pares de pequeños barbillones cortos y finos. Del carpín heredan la forma de los opérculos y el pequeño tamaño. Alcanzan un largo de entre 20 cm y 30 cm y son estériles.

Cyprinidae

Carpa de espejo

Cyprinus carpio

Debido a su carne sabrosa, exigencias mínimas y crecimiento rápido, la carpa es la especie ictiológica de agua dulce más importante. El mercado recibe ejemplares de 2 a 4 años que pesan de 1 kg a 4 kg, que es cuando su carne sabe mejor. Sin embargo, en condiciones apropiadas, la carpa puede vivir de 20 a 30 años, excepcionalmente hasta 40 años.

Los huevos son la base del cultivo de la carpa. Se obtienen mediante desove semiartificial en estanques con fondo sembrado de hierba. Antes del mismo, se llenan de agua y los peces desovan en el terreno cubierto por el agua. Recientemente se ha dejado de lado el método tradicional de desove, ya que se obtiene mayor productividad con el desove artificial, en el cual los huevos y esperma son extraídos manualmente de los progenitores, luego mezclados y colocados en incubadoras. Las crías son después mantenidas en recipientes especiales. En el segundo año, la carpa joven de desove artificial y semiartificial, es transferida a pequeños estanques y en otoño los peces de dos años, que ya pesan de 400 g a 800 g, son puestos en el estanque principal. Aquí se les da alimento especial y, cuando alcanzan el tamaño apto para el mercado, se pescan. El método descrito tiene muchasvariaciones. Una de ellas es criar la carpa en aguas calentadas como subproducto de una central eléctrica. El agua caliente prolonga el periodo durante el cual la carpa se alimenta.

Sin embargo, a pesar de estos nuevos métodos, aún predomina la crianza de carpas en los clásicos estanques. Checoslovaquia y Francia, que tienen los más extensos complejos de cría en estanques, son importantes productores. La producción anual mundial de este pez alcanza las 200.000 toneladas.

Otro tipo de carpa cultivada es la carpa de espejo (1) que tiene una fila de grandes escamas en los flancos, otra de escamas más pequeñas a lo largo del lomo, y a veces en la base de las aletas. La carpa de cuero (2) tiene una hilera de escamas pequeñas a lo largo del lomo y ocasionalmente unas más grandes aisladas en el cuerpo o en la base de las aletas. Las escamas de las carpas que poseen pocas (3) se diferencian de las clásicas escamas cicloideas de las especies muy escamosas (4) por su mayor tamaño y su forma irregular. La piel desnuda, sin escamas, no es ventajosa para los peces, ya que aumenta el área en que pueden instalarse los parásitos o penetrar una infección. Por ello, los tipos tradicionales de carpas con escamas incompletas, no se crían o se mantienen sólo selectivamente.

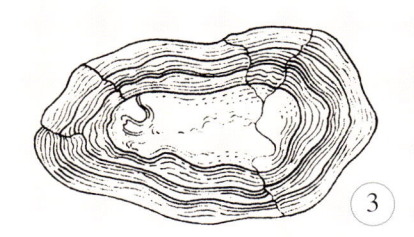

Cyprinidae

Pseudorasbora parva

El *Pseudorasbora parva* fue introducido accidentalmente en Rumania desde la China en 1960, junto con otras especies hervíboras. Hoy en día se en encuentra en poblaciones aisladas en Europa central y meridional y en la parte europea de la antigua Unión Soviética.

Esta especie prospera en los lugares bajos cubiertos de vegetación en arroyos, ríos y lagunas, donde se esconde de los depredadores entre las plantas. En virtud de su agresividad y fácil adaptabilidad a condiciones precarias, está usurpando el espacio de las especies nativas; además, compite por el alimento con los peces de especies útiles que están en etapa juvenil. Es por ello tanto un aliado como un elemento indeseable de competencia entre los peces europeos.

La gambusia *(Gambusia affinis),* que pertenece a la familia *Poeciliidae*, fue introducido en Europa desde los estados meridionales de EE.UU. como medio biológico para combatir los mosquitos. En efecto, esta especie vive de las larvas de mosquito, por lo que resulta un buen aliado contra la malaria. Es una de las especies en las que la fertilización se realiza internamente, desarrollándose los alevines dentro del cuerpo de la madre. Es el único representante de la familia de los vivíparos que ha logrado establecerse con éxito en Europa, donde actualmente se encuentra en España, Italia, los Balcanes, Ucrania y el Cáucaso. Puede tolerar una fluctuación de temperatura de 0 °C a 30 °C.

El samarugo *(Valencia hispanica),* de la familia de los Ciprinodóntidos, es común en el este y sureste de España, en Albania y en la isla de Corfú. Habita varios tipos de agua, incluyendo pequeños estanques, canales de drenaje y aguas salobres. Crece hasta alcanzar un largo de sólo 5 cm a 8 cm y desova de abril a junio. El joven pez madura en menos de un año. La especie no tiene importancia comercial.

El *Pseudorasbora parva* (1) alcanza una longitud de sólo 8 cm a 9 cm, excepcionalmente 11 cm.
Una característica particular de los ejemplares jóvenes es la raya oscura lateral. Los machos son más grandes que las hembras, y tienen aletas de mayor tamaño. Además, en el periodo de desove, su color es más oscuro, con un brillo violeta metálico y varias papilas frente a los ojos.

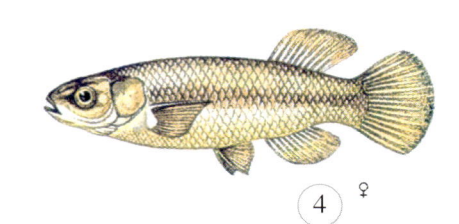

(4) ♀

Cyprinidae

La gambusia (1) tiene un marcado dimorfismo sexual. Los machos alcanzan un largo de 2,5 cm a 3,5 cm, las hembras hasta 7 cm. Alcanzan la madurez sexual a los 3 o 4 meses de vida. La hembra puede tener crías hasta cinco veces en su vida, lo que representa un total de aproximadamente 50 tandas.

El macho y la hembra del samarugo también se diferencian entre sí. El macho (3) tiene rayas transversales oscuras y una mancha negra detrás de las branquias. La hembra (4) tiene un colorido discreto, con una raya oscura no muy marcada a lo largo de los flancos.

Fartet sureuropeo

Aphanius fasciatus

La especie nativa de la familia de los Ciprinodóntidos más ampliamente difundida en Europa es el fartet sureuropeo. Está distribuida en aguas dulces y salobres a lo largo de las costas de Europa meridional, Turquía y norte de África hasta Argel.

Es una especie poco exigente, que habita diversos tipos de aguas como lagunas, pequeños estanques con vegetación y alcantarillas. Desova de abril a agosto en lugares poco profundos, entre las plantas acuáticas. La cría sale a los 10 o 15 días y madura en un año. Su dieta consiste de invertebrados, especialmente crustáceos y larvas de insectos. Tiene sólo una importancia menor como pez de acuario.

A lo largo de la costa meridional y oriental de España y en zonas elevadas de Argel y Marruecos, vive una especie emparentada, el fartet común *(Aphanius iberus)*. Habita estanques, lagos, lagunas, marismas y canales de comunicación, así como aguas suavemente salobres. Es resistente a las fluctuaciones de temperatura y al bajo contenido de oxígeno del agua. Desova cuando la temperatura del agua ronda los 24 °C. La hembra pone unos 200 huevos sobre las plantas acuáticas. La cría sale entre los 10 y los 14 días y madura a los 6 meses. Vive de pequeños caracoles, crustáceos, larvas de mosquitos y algo de plantas.

El fartet sureuropeo (1) es un pez pequeño, que alcanza sólo de 6 cm a 7 cm. Los machos son más grandes y más coloreados que las hembras. En el cuerpo azul grisáceo del macho hay entre 10 y 15 rayas transversales, y las aletas son amarillas. En las hembras (2), las rayas apenas se notan y las aletas son de color grisáceo pálido. Características particulares son la posición dorsal de la boca y la aleta dorsal, situada muy hacia atrás, casi encima de la anal. La especie no fue descubierta y descrita hasta 1913.

El fartet común (1) es también un pez pequeño, que alcanza una longitud máxima de 8 cm. El macho es más pequeño que la hembra, midiendo un máximo de 6 cm.

Cyprinodontidae

① ♂

♀

Debido a sus brillantes colores y a su marcado dimorfismo sexual, es muy popular entre los aficionados a los acuarios. Una característica notable de la especie son los grandes ojos.

③ ♀

Colmilleja
Cobitis taenia

La colmilleja está distribuida en casi toda Europa. En el norte, está ausente en Escandinavia septentrional, Finlandia, antigua Unión Soviética, Escocia y Gales, y en el sur en Grecia. Vive en aguas quietas y claras, con corriente lenta y fondo arenoso. Permanece generalmente en zonas poco profundas, donde se esconde durante el día enterrada en la arena. Cuando está en su escondite, el cuerpo se dobla en forma de arco, de modo que sólo la cabeza y la cola sobresalen.

Sale de noche a buscar alimento, que consiste en la pequeña fauna que vive en el fondo. En virtud de su actividad nocturna, raramente es atrapada por los depredadores diurnos. Sin embargo, aparece con mucha frecuencia en la dieta de los nocturnos, como la anguila, el zoarces y el siluro. La colmilleja no es una nadadora particularmente buena y sólo a regañadientes abandona su escondite en la arena. Cuando la molestan, se aleja nadando con movimientos ondulantes, volviendo enseguida a ocultarse en la arena. Desova de abril a junio. Los machos, contrariamente a las hembras, tienen aletas pectorales estrechas, y en la base del segundo radio aparece una protuberancia en forma de escama, la llamada escama de Canestrini. La hembra pone de 1.000 a 1.500 huevos en varias tandas. Después de salir, la cría comienza de inmediato a vivir en el fondo. Madura en su segundo año de vida y vive de 3 a 5 años. Generalmente crece hasta un largo de 8 cm a 10 cm y un peso de 40 kg a 60 kg. No tiene una importancia comercial particular, pero a causa de la forma interesante de su cuerpo y su atractivo colorido suele formar parte de los acuarios.

En la cuenca del Danubio en la antigua Yugoslavia, Rumania y Bulgaria, vive su pariente, la colmilleja larga *(Cobitis elongata),* más grande, que llega a medir hasta 17 cm. Vive sólo en aguas fluyentes.

La colmilleja (1) tiene un cuerpo alargado, comprimido lateralmente. Una característica típica es la mancha oscura en forma de media luna sobre la base de la aleta caudal. Algunas especies de la familia de los Cobítidos tienen quillas de piel en el borde superior, en el inferior, o en algunos casos en ambos bordes del pedúnculo. La colmilleja, en cambio, no los tiene.

Cobitidae

Alrededor de la boca tiene tres pares de cortos barbillones y una doble púa frente a cada ojo. La distribución y largo de los barbillones y las erizadas púas suborbitales pueden observarse claramente en la cabeza de la colmilleja vista desde arriba (2). Cuando está en peligro, por ejemplo si alguien la coge con la mano, eriza esas púas y, mediante una sacudida repentina del cuerpo, trata de clavarlas. La colmilleja larga (3) se diferencia de la colmilleja no sólo por su tamaño, sino también por su color y la quilla de piel que presenta en la parte inferior del pedúnculo.

Colmilleja dorada
Cobitis aurata

La colmilleja dorada es semejante a su más abundante parienta, la colmilleja. Las dos especies no se diferencian demasiado una de la otra, ni siquiera en tamaño. La colmilleja dorada alcanza una longitud de 8 cm a 12 cm, en ocasiones hasta 14 cm, y un peso de 50 g. Tiene barbillones alargados alrededor de la boca. El último par es particularmente largo, y llega hasta el borde trasero de los ojos. La colmilleja dorada también se diferencia por sus púas debajo de los ojos, que son más gruesas, y la quilla en el borde inferior del sector de la cola.

Aparece en las cuencas de los ríos Danubio, Wisla, Don, en algunos de la península balcánica, y fuera de Europa en Asia Menor y el Cercano Oriente. Vive principalmente en ríos submontañosos poco profundos y claros, apareciendo también en lugares apropiados de la corriente principal del Danubio. Una condición esencial de su medio ambiente es el fondo pedregoso y duro, y una profundidad de 1,5 m. Durante el día, se esconde bajo las piedras, pero no se entierra en la arena. Si es molestada, sale velozmente de su escondite y dando saltos sobre el fondo busca otro lugar para ocultarse. Desova de abril a junio. La hembra pone sólo de 100 a 400 huevos. Las crías, al igual que en el caso de la colmilleja, parecen pequeños, finos y transparentes bastoncillos.

Su pariente, la colmilleja rumana *(Cobitis romanica)* es similar a los anteriores miembros del género *Cobitis* por el color de su cuerpo y su modo de vida. Se encuentra en Rumania y en el curso superior de algunos tributarios del Danubio.

La colmilleja dorada (1) es semejante a la colmilleja en su cuerpo alargado y comprimido lateralmente, pero se diferencia no sólo por el mayor grosor de las púas bajo los ojos y los barbillones más largos, sino también porque el color básico es blanco grisáceo y amarillento en los costados y en el abdomen. Tiene dos pequeñas manchas oscuras en la base de la aleta caudal, que a veces se une con otras formando así una franja alargada. A los costados tiene manchas oscuras irregulares, cuyo color, tamaño y número es muy variable. Habitualmente, los peces de cursos más tranquilos de las tierras bajas tienen menor número de grandes manchas, y viceversa. El macho de la colmilleja no tiene escamas de Canestrini en las aletas pectorales. Se diferencia de la hembra por el abultamiento de los costados frente a la aleta dorsal, lo que se observa claramente cuando se mira desde arriba (2).

Cobitidae

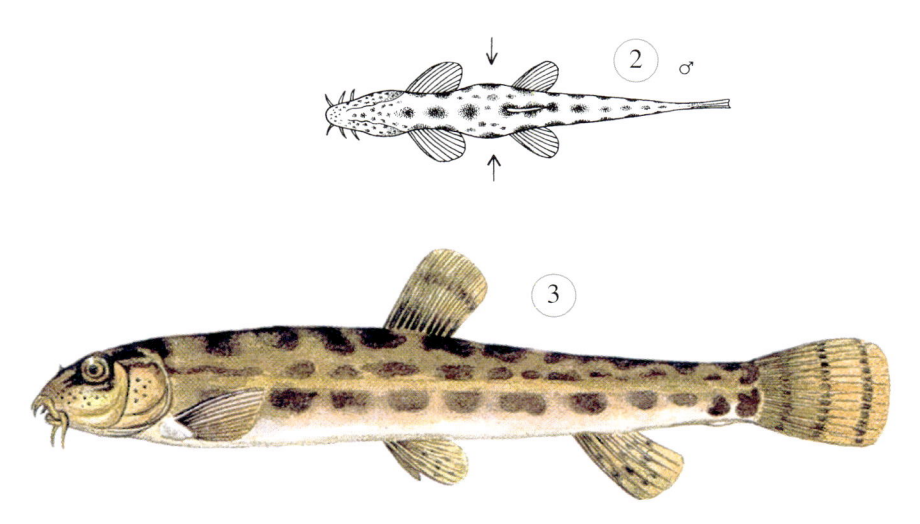

La colmilleja rumana (3) aparece en algunos afluentes de los tramos superiores del Danubio. Tiene una notable raya clara a los costados.

163

Colmilleja de cejas

Cobitis larvata

Los torrentes del norte de Italia, en la región del Bergantino, están habitados por la Colmilleja de cejas. Permanece en cursos poco profundos con fondo arenoso y pedregoso cubierto de plantas acuáticas, en los que desova de abril a junio. Se alimenta de pequeños invertebrados que viven en el fondo, principalmente larvas y gusanos. Como sólo llega a medir entre 5 cm y 9 cm y no es particularmente abundante, carace de importancia comercial.

Otra especie, la colmilleja italiana *(Cobitis conspersa)*, se encuentra en varios ríos del norte de Italia, como el Brenta. Es también una especie pequeña, de entre 6 cm y 9 cm de largo. Habita aguas veloces y poco profundas, donde desova de abril a junio sobre el fondo de grava, entre las plantas. Su dieta consiste en la fauna invertebrada del fondo.

La locha del Cáucaso *(Cobitis caucasica)* aparece sólo en algunos ríos de la región entre el mar Negro y el mar Caspio, como el Kuma y el Terek. Generalmente habita los tramos superiores de los cursos, con menos frecuencia los centrales, permaneciendo en los lugares con agua fluyente y fondo de grava, en donde hay piedras y crecen plantas acuáticas. En ese ambiente desova de mayo a junio. La diferencia entre el macho y la hembra se manifiesta de la misma manera que en la colmilleja dorada, por el abultamiento de los costados frente a la aleta dorsal. La dieta de la locha del Cáucaso consiste en la pequeña fauna del fondo.

La colmilleja de cejas (1) es idéntica a otros representantes del género *Cobitis* en sus características básicas, diferenciándose únicamente por las manchas triangulares oscuras frente a los ojos, las quillas de piel en la parte superior e inferior del pedúnculo, y por las dos manchas negras sobre el pedúnculo frente a la aleta caudal. Una característica de la colmilleja italiana (1) son las dos grandes manchas oscuras en el lomo, frente a la aleta dorsal, y 3 o 4 manchas más pequeñas detrás de esa misma aleta.

Cobitidae

La locha del Cáucaso (3) es un pez pequeño, de 6 c a 11 cm de largo. A la inversa de los precedentes miembros del género *Cobitis*, no tiene grandes manchas oscuras sobre el cuerpo, sino un gran número de motas castañas. A los costados corre una raya de color claro.

165

Misgurno

Misgurnus fossilis

En Europa, el misgurno habita los ríos desde el Sena al Neva y del Danubio al Volga, estando ausente en los afluyentes del Ártico y en los ríos de Inglaterra, Escandinavia, Finlandia y Europa meridional.

Vive en aguas estancadas, cenagosas, en estanques, lagunas con vegetación y canales de irrigación. Se mantiene en el fondo, donde busca su alimento, consistente en pequeños invertebrados, principalmente moluscos, gusanos y larvas de insectos, así como plantas. Su actividad es principalmente nocturna, por lo que escapa a la vista. Sólo con cambios muy acentuados en la presión atmosférica, por ejemplo antes de una tormenta, sube a la superficie y se vuelve activo incluso durante el día.

El misgurno tiene respiración auxiliar, lo que le permite sobrevivir en aguas con pobre contenido en oxígeno. Parte de sus intestinos están adaptados para transferir oxígeno a la sangre. Durante las épocas de severa escasez de oxígeno en el agua, aspira aire de la superficie. La absorción del agua está acompañada por chasquidos, mientras emite silbidos por el orificio anal. Ambos efectos de sonido pueden ser oídos desde la orilla y descubren la presencia de los misgurnos en aguas aparentemente deshabitadas. La respiración intestinal auxiliar permite que el misgurno se entierre en el barro para sobrevivir durante el breve periodo en que el agua se seca por el calor del verano. Sobrevive de la misma manera al invierno, sepultado en el fango en estado de reposo.

Desova de abril a junio sobre las plantas acuáticas. Como otros representantes de la familia *Cobitidae*, no tiene gran importancia comercial. Debido a su interesante biología y a sus colores, a veces forma parte de los acuarios.

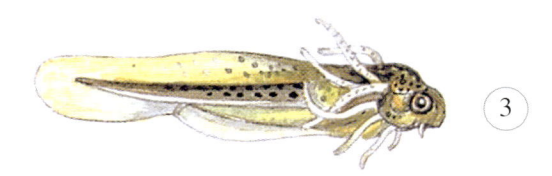

El misgurno (1) tiene un cuerpo alargado, en forma de serpiente, comprimido lateralmente en su parte trasera. Tiene 10 barbillones alrededor del orificio oral, cuyo número y ubicación son características de los miembros de la familia *Cobitidae*. El misgurno tiene dos pares de largos barbillones en el borde delantero de la mandíbula superior, un par de largos barbillones en las comisuras y dos partes de cortos barbillones en el labio inferior (2).

Cobitidae

Fuera del período de desove, los machos pueden ser reconocidos por su aleta pectoral más larga y puntiaguda; durante el período de desove, dos radios de la aleta ventral se robustecen y aparecen dos protuberancias con forma de salchicha en el lomo, detrás de la aleta dorsal. Las hembras ponen hasta 170.000 huevos de 1,5 mm de diámetro. Las larvas (3) salen tras unos 4 o 5 días y tienen branquias externas filamentosas.

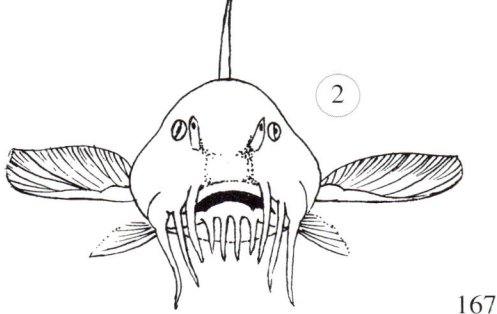

167

Locha de roca

Noemacheilus barbatulus

La locha de roca está diseminada ampliamente en Europa, en la parte asiática de la antigua Unión Soviética; está ausente en Noruega, Suecia septentrional, Escocia septentrional, la península Ibérica, Italia central y meridional y Grecia. También aparece en las aguas salobres de algunas bahías del Báltico. Vive en la corriente de los tramos superior y central de los cursos y en algunas lagunas y embalses, donde se establece en la cercanía de los afluentes. Sobrevive hasta en aguas ácidas con suelo de turba o en canteras inundadas de aguas duras. La respiración intestinal auxiliar asegura su supervivencia durante las desfavorables condiciones del verano, o cuando el agua lleva lodo después de las lluvias.

La locha de roca es una especie que prospera en el fondo. Como todos los representantes de la familia *Cobitidae*, tiene la vejiga natatoria atrofiada, por lo que se mueve sólo a lo largo del fondo, en donde nada con movimientos serpenteantes del cuerpo. Se esconde durante el día, dejando su refugio hacia la noche y buscando alimento en el fondo. Su dieta consiste en pequeños animales y restos de plantas acuáticas. Se reproduce durante los meses de verano. En los dos sexos aparece la erupción de desove, que es más notable en los machos. Estos pueden distinguirse incluso fuera del periodo de actividad sexual, pues, contrariamente a las hembras, tienen aletas pectorales alargadas y quillas de piel en el filo superior e inferior del pedúnculo.

A pesar de que la locha de roca es relativamente resistente a la contaminación del agua, su número va disminuyendo. Es un importante componente de la nutrición de las truchas, y sirve como cebo para los pescadores de caña. Sin embargo, en el pasado solía ser popular por su sabrosa carne. Hoy día es capturada en los lugares donde abunda y consumida por los paladares exigentes.

La locha de roca (1) es un pez alargado, con cuerpo cilíndrico y cabeza redondeada, aplastada en la parte de arriba. La boca ventral tiene seis barbillones táctiles (2). Dos pares están situados en el labio superior y un par en las comisuras de la boca.

Cobitidae

Una característica típica de esta especie es el borde recto de la aleta caudal. La piel, aparentemente lisa, oculta pequeñas escamas a los costados, que no se solapan como en muchos otros peces, sino que están colocadas una al lado de la otra. Habitualmente alcanza una longitud de 10 cm a 15 cm y un peso de 80 g a 150 g, viviendo entre 5 y 8 años.

El cuerpo de la locha de roca está cubierto con un número de manchas castañas (3) parcialmente delineadas, por lo que el colorido presenta aspecto jaspeado. Como resultado, el contorno del cuerpo se hace borroso, es decir, ese colorido cumple una función protectora.

Locha de Ankara

Noemacheilus angorae

La locha de Ankara aparece en algunos torrentes, ríos y lagos que alimentan el mar Negro y el Egeo, por ejemplo los ríos Kamer y Coruh. Vive en aguas fluyentes poco profundas entre piedras y flora acuática, donde también desova de mayo a junio. Madura cuando alcanza una longitud de 5 cm a 6 cm. Se alimenta de la pequeña fauna que vive en el fondo, principalmente gusanos y larvas de insectos. Es un pez pequeño, que alcanza sólo entre 6 cm y 8 cm, en raras ocasiones 9 cm de largo. No tiene importancia comercial. Se desconoce con detalle su biología.

Otra especie de locha poco conocida que habita en el sureste de Europa es la locha de Terek *(Noemacheilus merga)*. Vive en los torrentes que alimentan algunos ríos, por ejemplo el Kuban, el Kuma, el Terek y el Samur, en la parte suroeste de la antigua Unión Soviética, entre el mar Negro y el mar Caspio. Permanece en las aguas fluyentes de lecho de piedras y grava, en los que encuentra alimento consistente en pequeña fauna béntica. Al igual que en las especies anteriores, se conoce muy poco sobre su forma de vida.

La locha de Ankara (1) es similar a la de roca en su color y morfología. En los lugares en que ambas especies aparecen juntas, es muy difícil distinguirlas. Se diferencian sólo por la forma de la aleta caudal. En la locha de roca, termina de manera más recta (2), mientras que en la locha de Ankara se abre ligeramente (3). Además, la locha de roca tiene orificios nasales largos y tubulares.

Cobitidae

La locha de Terek (4) se diferencia marcadamente de las especies anteriores por su colorido y por la estructura del cuerpo; es particularmente destacable el largo y estrecho pedúnculo, transversalmente casi circular.
El cuerpo, por el contrario, es más bien ancho y la aleta caudal dentada.

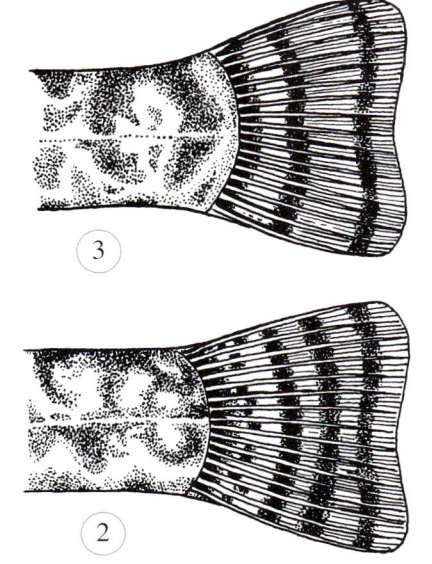

Siluro

Silurus glanis

El siluro está extendido en todos los ríos desde el curso superior del Rin hacia el este en la región que alimenta el mar del Norte, el Báltico, el mar Negro, el mar Caspio y el mar de Aral. El límite sur de su área de distribución está formado por los Alpes y el límite norte por Escandinavia, donde aparece sólo al sur de Suecia. También ha sido introducido en Inglaterra y se encuentra en aguas salobres y bahías del Báltico, el mar Negro y el mar Caspio.

Es una especie termófila. Habita ríos, lagos, embalses y grandes lagunas, en los que busca las aguas profundas con poca corriente y fondo blando. Durante el día permanece escondido, volviéndose activo al caer el sol, cuando abandona su refugio y caza pequeños peces. A pesar de ser una especie depredadora, no desdeña la carroña.

Su necesidad de agua cálida ha dado como resultado distintas épocas de desove: en Europa central de mayo a junio, y en el norte de junio a agosto. Un requisito esencial para que se produzca el desove es que el agua alcance los 20 °C. La hembra pone hasta 500.000 huevos color amarillo claro, unidos entre sí formando grupos. El macho fertiliza los huevos y los cuida durante los 3 días que tardan en desarrollarse. Su fidelidad es proverbial. Se ha dado el caso de que un brusco descenso en el nivel de las aguas de un embalse, dejase un nido casi en seco. El macho permaneció nadando lo más cerca posible y, usando su cola, chapoteaba en el agua para mojar el nido y evitar que los huevos se malograran.

El siluro es parte importante del control de lagunas y ríos, pues por su biología se convierte en un agente regulador de la excesiva reproducción de especies ictiológicas indeseables.

El siluro (1) tiene un cuerpo alargado, liso, sin escamas, que recuerda al de un renacuajo muy crecido. La robusta cabeza (2) termina en una ancha boca. Los dientes finos y agudos crecen en ambas mandíbulas; en la mandíbula inferior forman 4 o 5 hileras. Hay dos barbillones móviles en los ángulos del labio superior, y 4 más pequeños, inmóviles, sobre la barbilla. El siluro alcanza un largo de 1 m a 2 m y un peso de 10 kg a 15 kg.

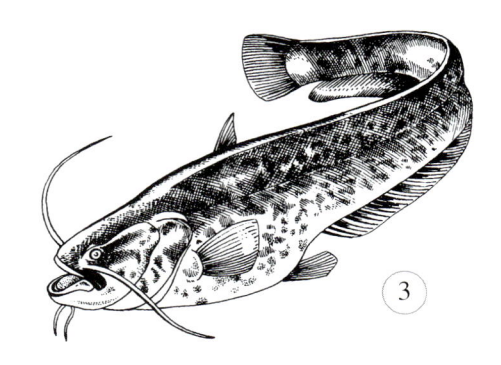

Siluridae

En el sureste de Europa, donde las condiciones son mejores, alcanza un largo de 3 m a 4 m y un peso de unos 200 kg. Un ejemplar récord capturado en el Dniéper medía 5 m y pesaba 306 kg. El Siluro puede vivir 80 años o más.

Otro representante europeo del género es el siluro griego *(Silurus aristotelis)* (3), que vive sólo en el sur de Grecia. Tiene 4 barbillones y alcanza una longitud de 2 metros y 150 kg de peso.

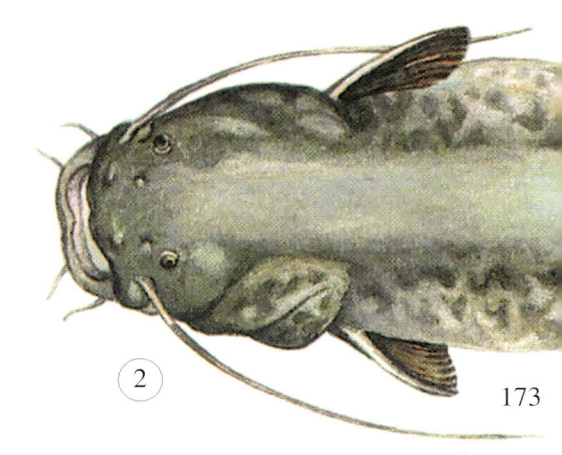

Pez gato

Ictalurus nebulosus

Es originario del sur de Canadá y EE.UU., donde vive en las cuencas de los Grandes Lagos y en el río San Lorenzo, y en la parte septentrional de EE.UU. en la cuenca del Ohio. Fue introducido en Europa a fines del siglo pasado, y en algunas regiones ha sobrevivido hasta hoy. Aparece en ríos de corriente lenta, lagos, estanques y pantanos; tolera la escasez de oxígeno y la pobre alimentación. Puede sobrevivir en aguas en las cuales muchas otras especies de peces perecerían. El pez gato se mantiene principalmente en el fondo, volviéndose activo de noche.

Desova en el periodo que va de abril a julio a temperaturas de 18 °C a 20 °C. La pareja de peces gatos construye un nido sobre la vegetación en los que la hembra deposita de 1.000 a 13.000 huevos de color crema. El nido que contiene la nueva generación es cuidado por ambos padres. La salida se produce después de 8 días, y la cría permanece bajo la supervisión de los padres hasta que comienza a nadar, momento en la que la vigilancia queda a cargo exclusivo del macho. Los alevines se alimentan de pequeños crustáceos, larvas y en parte también con plantas. Los especímenes más viejos comen huevos, crías y pequeños peces. El pez gato madura a los 2 o 3 años, y puede vivir hasta 8.

El pez gato fue introducido en Europa con la intención de obtener una especie ictiológica suplementaria con buenas características de crecimiento. Lamentablemente, esta suposición no se demostró cierta. En las condiciones de Europa central, alcanza habitualmente una longitud de sólo 15 cm a 20 cm y un peso de 100 g a 300 g. Hoy en día se cría intensivamente en Europa meridional, donde alcanza un tamaño algo mayor. Su carne es sabrosa y sin espinas.

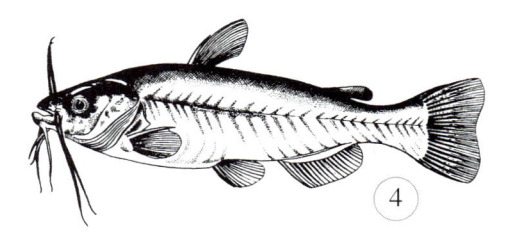

El pez gato (1) es similar al siluro en morfología y color. Pero, a diferencia de aquél, tiene ocho barbillones en la boca, una aleta anal más corta y una adiposa en el lomo, entre las aletas dorsal y caudal.

Fuera del periodo de desove, la zona abdominal es blancuzca (1), y se torna de amarilla a anaranjada cuando llega la época de desove.

Ictaluridae

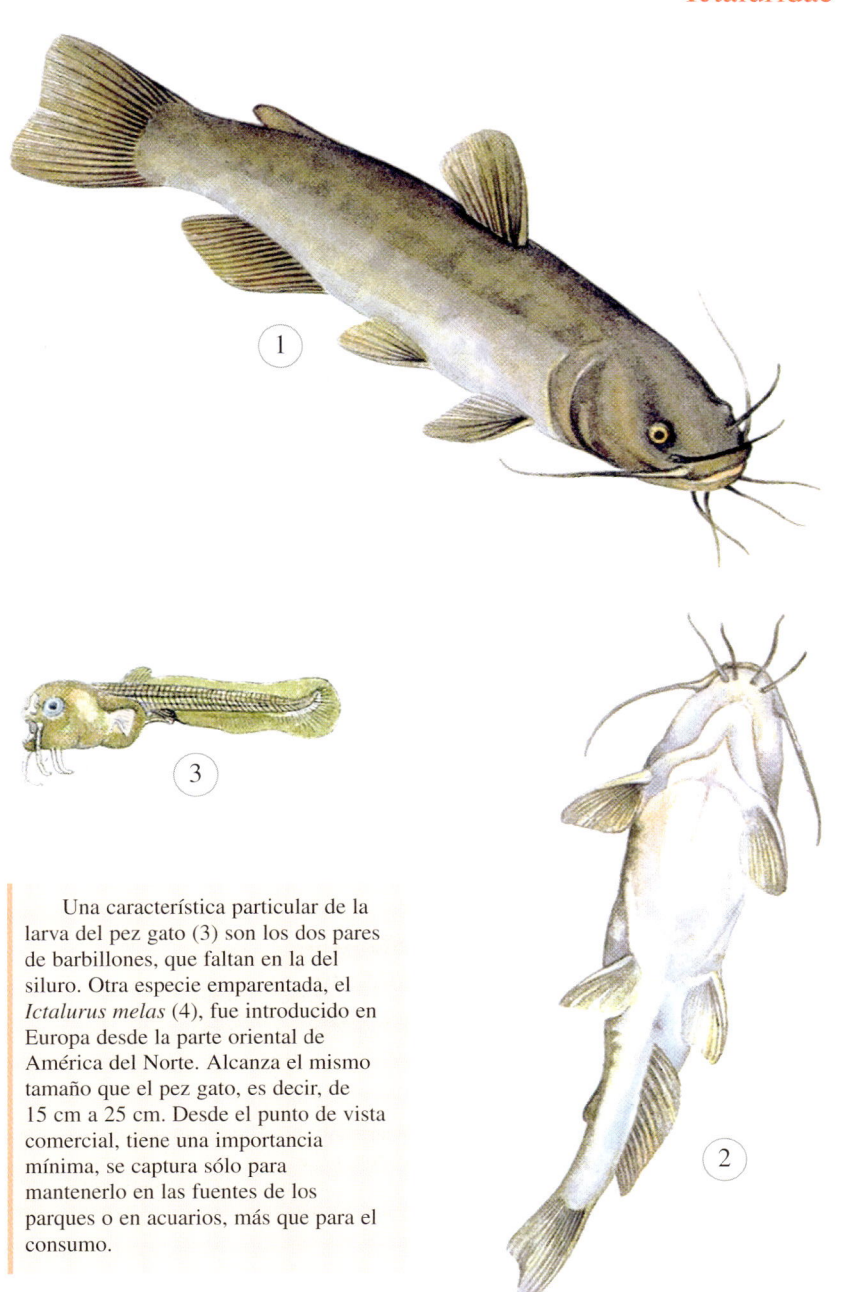

Una característica particular de la larva del pez gato (3) son los dos pares de barbillones, que faltan en la del siluro. Otra especie emparentada, el *Ictalurus melas* (4), fue introducido en Europa desde la parte oriental de América del Norte. Alcanza el mismo tamaño que el pez gato, es decir, de 15 cm a 25 cm. Desde el punto de vista comercial, tiene una importancia mínima, se captura sólo para mantenerlo en las fuentes de los parques o en acuarios, más que para el consumo.

Anguila común

Anguilla anguilla

La anguila común está ampliamente extendida a lo largo de las costas europeas del Atlántico, el Mediterráneo, el mar Negro y el mar de Azov, así como en los afluentes de esos mares. Desde la costa, las hembras penetran los ríos corriente arriba, mientras que la mayoría de los machos permanece en las aguas salobres del estuario. Sin embargo, la natural migración de anguilas se ve impedida en muchos lugares por las represas, por lo que pequeñas anguilas son atrapadas en los estuarios de los ríos y transportadas a lugares inaccesibles. De esta manera, también los machos pueden alcanzar las aguas interiores.

Hasta alcanzar la madurez sexual, la anguila habita en lagunas, embalses y ríos, por los que asciende hasta 1.000 m de altura. Los machos son fértiles entre los 4 y los 14 años, las hembras de los 10 a los 20. Tan pronto como la anguila alcanza la madurez sexual, su lomo se vuelve oscuro y el abdomen blanco plateado. Al mismo tiempo cesa de alimentarse, y vive de sus reservas grasas. A fines del verano o comienzos del otoño, emprende viaje corriente abajo hacia el mar; le espera un largo trayecto de 4.000 km a 7.000 km hasta llegar al sitio de desove. Durante el viaje deben cubrir una distancia diaria de 20 Km a 40 km. De marzo a abril desovan en el mar de los Sargazos entre las Bahamas y las Bermudas. El desove es colectivo y se lleva a cabo a una profundidad de 100 m a 400 m en aguas marinas que alcanzan los 6 km de profundidad. Después del desove, los individuos adultos mueren por agotamiento, y sus cadáveres se hunden en las profundidades. Las larvas, después de salir, se dejan arrastrar pasivamente por la corriente, que en tres años las lleva a las costas de Europa.

La anguila común (1) tiene forma de serpiente. Carece de aletas ventrales, y las aletas dorsal, caudal y anal forman un borde continuo. La piel es fina, y las escamas hacen su aparición sólo hacia el tercer año de vida. En aguas europeas aparece un forma más grande, de cabeza ancha (2), que probablemente corresponde a las hembras, y una más pequeña, de cabeza estrecha (3), que probablemente está formada por los machos. Las letras que figuran en el croquis indican la distancia desde el sitio de desove hasta Europa, y se corresponden con las etapas del desarrollo larvario.

(a). Las larvas recién nacidas son filiformes y miden de 5 m a 7 mm.
(b). A los dos meses miden 15 mm y su forma ha cambiado.
(c). Después de 8 meses, miden 45 mm y se asemejan a hojas de sauce transparentes.
(d). Pasado año y medio, alcanzan un tamaño máximo de 75 mm.
(e). Un año más tarde el tamaño de la larva se ha reducido a 70 mm, y el cuerpo se vuelve más estrecho.
(f). Cuando llegan a las costas europeas, las larvas se han metamorfoseado ya en pequeñas anguilas.

Anguillidae

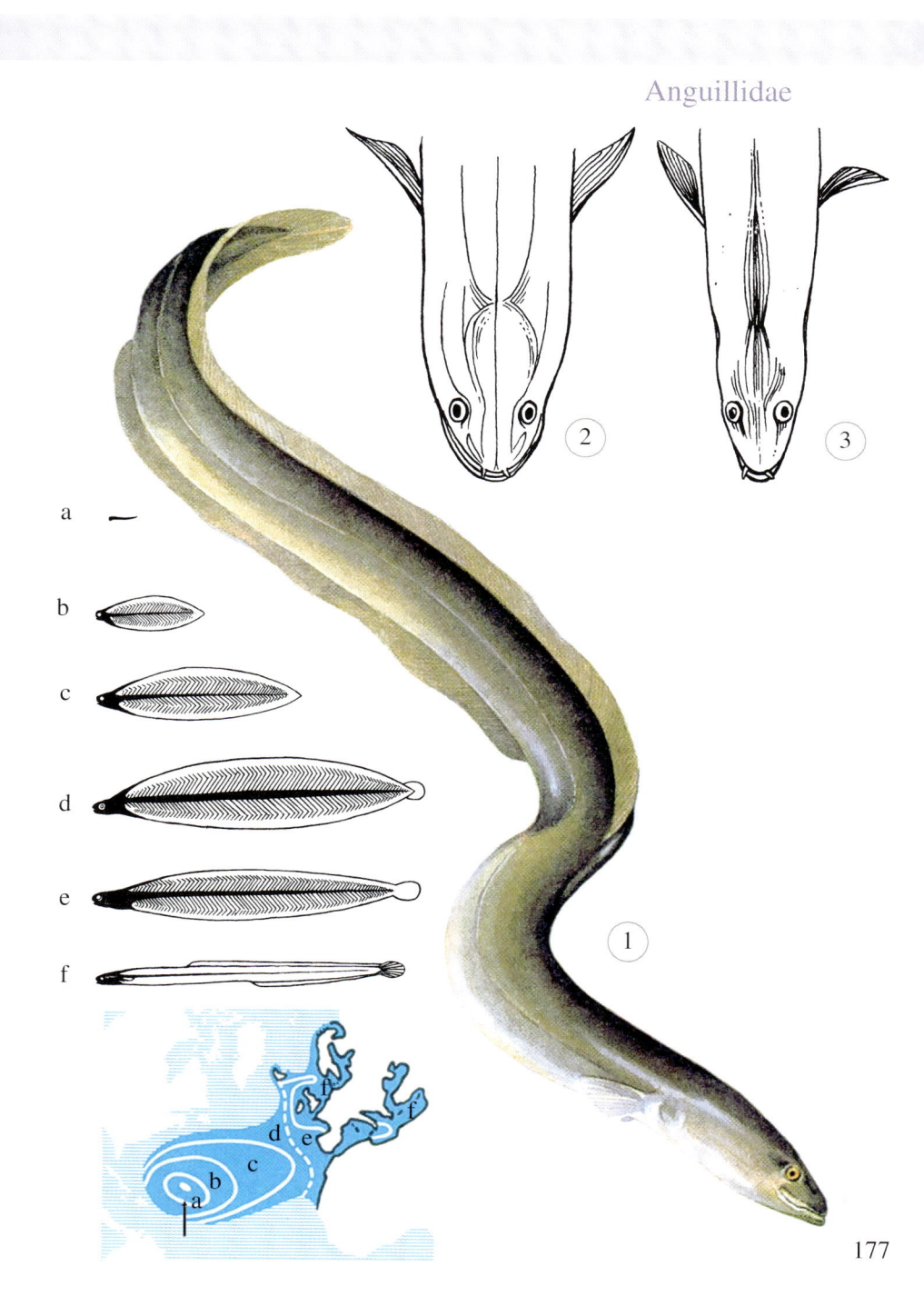

177

Lota

Lota lota

La lota está ampliamente extendida en el norte de Europa, con excepción de gran parte de Inglaterra y Noruega. El límite sur de su distribución está representado por las penínsulas Balcánica e Ibérica y, en Italia, por la cuenca del Po. Habita predominantemente en los tramos superior y central de los ríos, embalses y estanques. Requiere agua fresca, rica en oxígeno y con suficiente número de escondites, desde los que sale sólo por la tarde o la noche para buscar alimento.

Como especie de origen ártico, la lota es más activa en otoño e invierno, cuando se alimenta más copiosamente para acumular reservas de energía. Cuando llega el calor del verano, su actividad disminuye y cae en el llamado letargo de verano, digiriendo las reservas de grasa almacenadas en el hígado. A diferencia de muchas especies de peces europeos, desova en invierno de diciembre a marzo, a temperaturas que van de 0 °C a 6 °C. A pesar de la alta fecundidad de las hembras (hasta 3.000.000 de huevos), el número de crías no es particularmente alto. Esto se debe en parte a la lota misma, que come sus propios huevos y crías.

Su dieta principal consiste en peces y alevines, ranas, larvas, insectos acuáticos y moluscos. En regiones frías, el periodo de actividad alimenticia se prolonga, siendo ésta la razón de capturas récord como, por ejemplo, en Siberia, en donde las lotas pueden alcanzar un peso de 25 kg a 32 kg. El tamaño normal de las capturas en las condiciones que prevalecen en Europa, es 60 cm a 70 cm y un peso de 2 kg a 5 kg. La carne y el hígado son muy sabrosos. A pesar de ello, no tiene importancia comercial pues, como su actividad es preferentemente nocturna, resulta muy difícil capturarla.

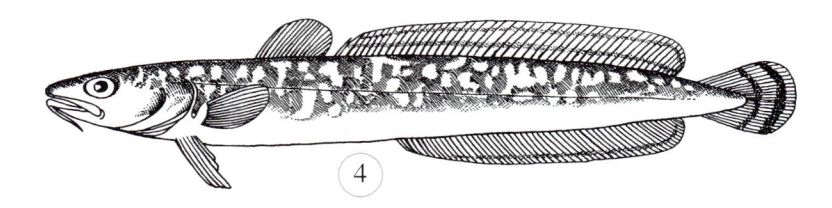

La lota (1) tiene cuerpo cilíndrico que se estrecha hacia la cola, cabeza ancha achatada en la parte de arriba y gran boca dentada. El cuerpo está cubierto con una piel lisa, en la que se observan pequeñas escamas diseminadas irregularmente e implantadas profundamente.

Es confundida frecuentemente con el siluro (2) aunque, a diferencia de éste, la lota (3) tiene dos aletas dorsales y las aletas pectorales están situadas bajo las ventrales. Tiene un barbillón en la mitad del mentón.

Gadidae

Ambas especies nadan con movimientos ondulantes de todo el cuerpo, como la anguila. La lota se ayuda también ondulando la segunda y larga aleta dorsal. La especie más estrechamente relacionada con la lota es *Molva molva* (4), que vive en el mar a lo largo de las costas del Atlántico norte. Sin embargo, a diferencia de la lota, aquélla no tiene los orificios nasales de forma tubular, alargados y protuberantes en la línea lateral de la cabeza.

Espinoso

Gasterosteus aculeatus

El espinoso está muy difundido en las costas del Atlántico, desde Islandia y Noruega septentrional al Mediterráneo y el mar Negro. Ha sido introducido también en muchos ríos por los ictiólogos, por ejemplo en el Moldava. Desde la costa penetra naturalmente, tanto en aguas salobres como en aguas dulces, creando poblaciones permanentes en los lagos costeros. Muchas poblaciones costeras invernan en el mar, y a principios de la primavera emigran a los ríos para desovar.

En el periodo de desove, de marzo a junio, el macho construye un nido en el fondo, hecho de fragmentos de plantas pegados entre sí con sus excreciones renales. Mediante movimientos que forman un complejo ritual atrae a la hembra al nido; ésta pone de 60 a 600 huevos, practica una nueva abertura en el nido y se aleja nadando. El macho entra entonces y fertiliza los huevos, después de lo cual se dedica a atraer otras hembras. Como resultado, el nido puede contener hasta 1.000 huevos. El macho del espinoso es un proverbial ejemplo de pez guardián. No sólo cuida el nido, sino que se encarga de los huevos, manteniéndolos provistos de oxígeno. Como hay huevos de varias hembras, la salida se produce de 2 a 4 tandas. Después, las crías permanecen en el nido y sus cercanías durante una semana, constantemente vigiladas por el macho. Los pececillos maduran al finalizar el primer año de vida. El espinoso puede vivir un máximo de 4 años. Debido a su interesante modo de reproducción, a menudo se cría en acuarios.

Dentro de su radio de acción, el espinoso se superpone con el espinosillo *(Pungitius pungitius)*, que habita las aguas dulces de estanques, lagunas y ríos, así como las aguas salobres de los estuarios fluviales y bahías marítimas. Alcanza un largo máximo de 9 cm.

El espinoso (1) alcanza un largo de 6 cm a 8 cm, excepcionalmente 11 cm.

Una característica típica son las tres espinas separadas que aparecen ante la aleta dorsal. Durante la época de reproducción, el abdomen de los machos se vuelve entre naranja y rojo vivo, el lomo toma una coloración azul metálica y las branquias se tornan doradas. En cambio, en la hembra sólo se acentúa el color plateado, y el vientre se redondea. En el espinoso de agua salada, los escudetes óseos de los costados (2) están bien desarrollados. Los especímenes de agua dulce sólo tienen unos pocos, o ninguno en absoluto (3).

Gasterosteidae

El espinosillo (4) presenta entre 7 y 11 (más comúnmente, 9) espinas ante la aleta dorsal, de donde recibe su nombre en numerosas lenguas. Carece de escudetes óseos en los costados. En la época de reproducción, machos y hembras mantienen su colorido básico, que simplemente se vuelve más intenso.

Aguja mula
Syphonostoma typhle

La aguja mula está distribuida a lo largo de la costa atlántica de Europa, al sur de Noruega, así como en el Báltico, el Mediterráneo, el mar Negro y el mar de Azov. Vive en zonas costeras bajas y en los tramos inferiores de los ríos, donde caza su alimento, consistente en invertebrados, principalmente pequeños crustáceos y crías. Desova de marzo a agosto. En los machos maduros se forma una bolsa en la parte inferior del cuerpo, detrás de la cloaca, que sirve para incubar las crías. La aguja mula alcanza la madurez en su segundo año de vida y vive hasta cuatro años. No tiene importancia comercial pero es notable por su interesante morfología, por lo que a menudo se mantiene en acuarios. En los lugares en los que aparece en cantidad suficiente, constituye alimento para los peces depredadores y los delfines de la especie *Tarsiops tursic*.

A diferencia del macho de la aguja mula, la hembra del alfiler (*Nerophis ophidion*) no deposita los huevos en la bolsa de incubación del macho, ya que éste carece de ella. En cambio, durante el desove, adhiere entre 50 y 300 huevos al abdomen del macho, que los lleva allí hasta que se abren. El alfiler madura al segundo año, alcanzando una edad de sólo tres años. Llega a medir 15 y 25 cm, a veces hasta 30 cm; los machos son más pequeños que las hembras. Vive en la costa europea, desde el norte de Noruega hasta el Mediterráneo y el mar Negro y el noroeste de África. También penetra en los tramos bajos de los ríos, por ejemplo el Dniéper y el Dniéster. No tiene importancia económica, aunque constituye alimento para algunas especies de peces.

El cuerpo de la aguja mula (1) está cubierto con escudetes óseos que forman anillos hexagonales en las partes pectoral y ventral, y placas cuadradas en la parte de la cola. El hocico (2) es achatado a los lados. El color del cuerpo va desde diversos tonos del verde al castaño. La aguja mula alcanza una longitud de 20 cm a 30 cm, en contadas ocasiones 37 cm. Durante el desove (3) la pareja se entrelaza y la hembra deposita entre 150 y 200 huevos en la bolsa incubadora del macho mediante su ovipositor. La bolsa incubadora se cierra entonces y el macho lleva los huevos de 25 a 30 días. Llegado el momento de la salida, la bolsa incubadora se abre longitudinalmente y las crías se derraman en el agua.

Syngnathidae

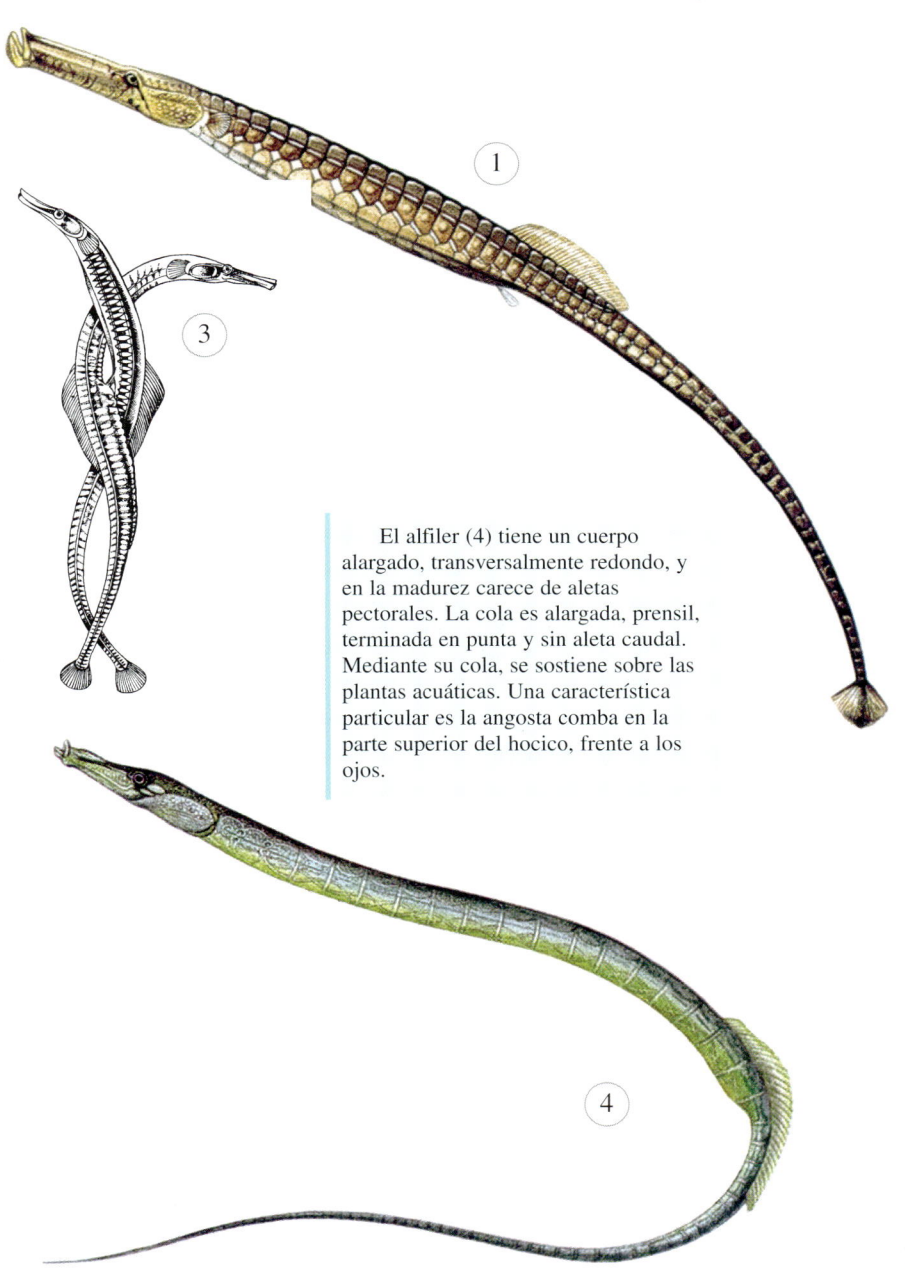

El alfiler (4) tiene un cuerpo alargado, transversalmente redondo, y en la madurez carece de aletas pectorales. La cola es alargada, prensil, terminada en punta y sin aleta caudal. Mediante su cola, se sostiene sobre las plantas acuáticas. Una característica particular es la angosta comba en la parte superior del hocico, frente a los ojos.

Lisa negrona

Mugil cephalus

La lisa más grande e importante comercialmente, es la lisa negrona. Está distribuida en una ancha franja a lo largo de la costa Atlántica de Europa meridional, el mar Negro y el mar de Azov, y cerca de la costa de América del Norte. Como muchas otras lisas, se adapta bien a aguas de diverso contenido salino, por lo que no está limitada sólo a las aguas del mar. Vive principalmente en el mar, desde el que emprende largas migraciones para buscar alimento y desovar, lo que hace de junio a agosto. Los huevos son pelágicos; como les esperan muchos peligros, las hembras tienen una enorme fecundidad, poniendo de 3.000.000 a 7.000.000 de huevos. Los pececillos se mudan a las aguas dulces y salobres a principios de la primavera, volviendo al mar en otoño. Alcanzan la madurez relativamente tarde: los machos a los 6 o 7 años, las hembras más tarde. Generalmente alcanzan un largo de 40 cm a 60 cm y un peso de 5 kg a 6 kg.

El galupe *(Mugil auratus)* presenta típicas manchas doradas detrás de los ojos y sobre los opérculos. Vive en la costa atlántica de Europa y África, así como en el mar Negro y el mar de Azov, y ha sido introducido con éxito en el mar Caspio.

Desde las aguas saladas penetra a veces en los tramos inferiores de los ríos, por ejemplo en el Dniéper. Pasa la mayor parte de su vida en el mar, donde desova de agosto a septiembre. Los huevos son pelágicos. El galupe madura a los 4 o 5 años. Se alimenta principalmente de algas filamentosas y detritus vegetales, así como, ocasionalmente, con pequeños invertebrados que viven en el fondo. Su carne es sabrosa. Se pesca a gran escala en el Mediterráneo y el mar Negro, a veces con caña y sedal.

La lisa negrona (1) tiene el cuerpo alargado, en forma de torpedo, cubierto con grandes escamas cicloideas. Una característica destacada son las dos aletas dorsales separadas y la alta implantación de las pectorales. También es distintiva la posición de los ojos en las profundas cuencas. En los flancos presenta entre 7 y 10 rayas longitudinales castaño verdoso, y entre ellas se perciben brillos dorados y celestes. El galupe (2) tiene forma de torpedo, ligeramente aplastado a los costados. La cabeza es plana por arriba y de boca grande, cuya mandíbula inferior está cubierta de escamas. Tiene de 6 a 7 rayas longitudinales oscuras en los flancos. En las lisas, las escamas llegan hasta la cabeza. Desde arriba es fácil conocer la diferencia entre el galupe (3), en el que las escamas llegan sólo hasta los cornetes, y la lisa negrona (4), en la que las escamas cubren también la mandíbula superior.

Mugilidae

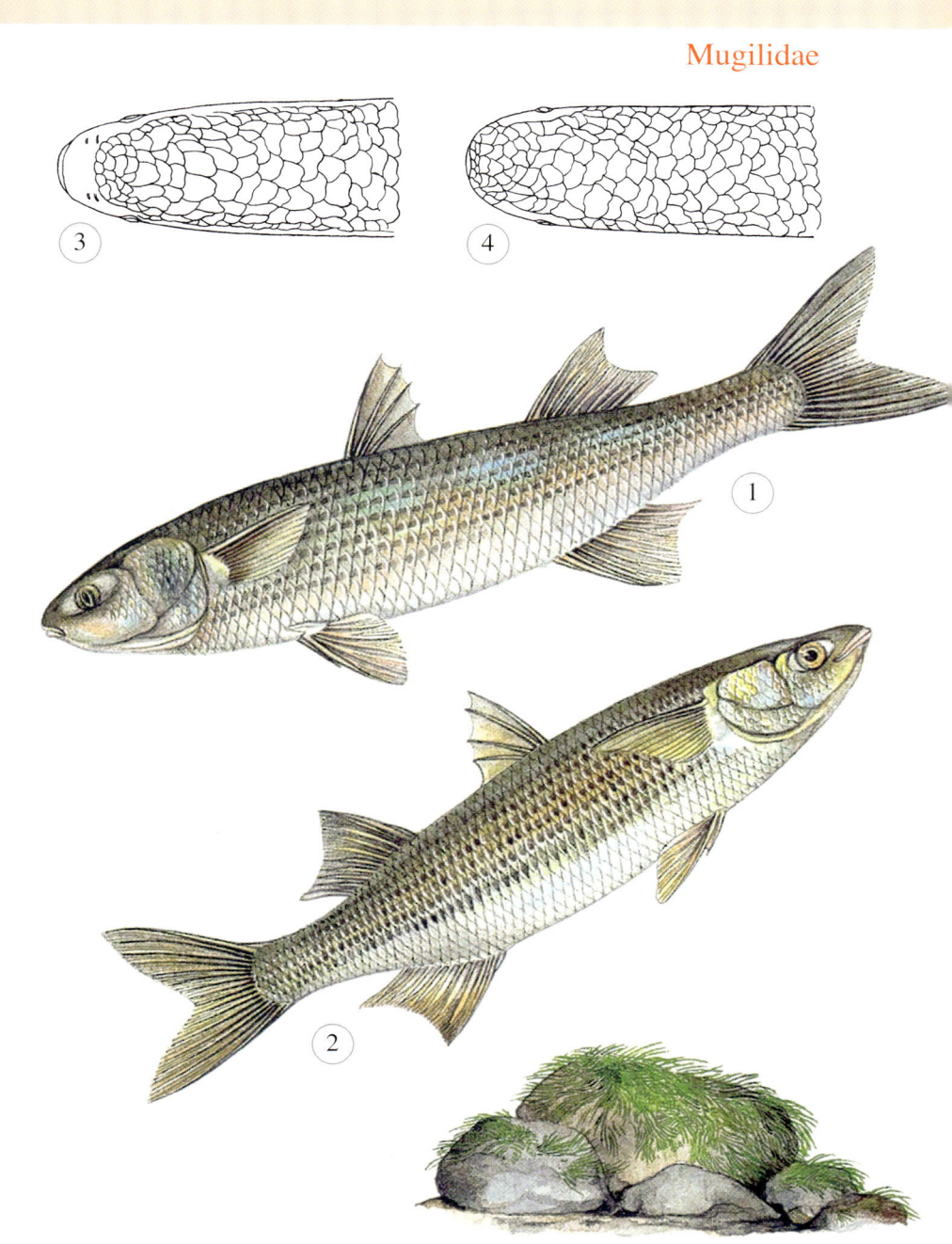

Lisa gris
Mugil labeo

La lisa gris está distribuida a lo largo de todo el litoral europeo desde Francia y Gran Bretaña hasta Grecia.

Como otras lisas europeas, éste es un pez pelágico muy activo que vive en las costas bajas y cenagosas. En los meses de verano penetra en las aguas salobres de los lagos costeros y en los estuarios de los grandes ríos, así como en el agua dulce de sus tramos inferiores. Allí busca principalmente remansos poco profundos y con rica vegetación acuática. Vive de detritus y de las plantas que crecen en el fondo, así como de la pequeña fauna que allí encuentra. Usando la boca, escarba el suelo y extrae su alimento, absorbiéndolo junto con el agua. Filtra el líquido a través del denso tamiz de las branquispinas, que retienen fragmentos de plantas y pequeña fauna. Aferra el bocado con sus dientes faríngeos, desechando los restos que no puede digerir. Después, el alimento es procesado en el estómago de fuertes paredes y en los largos intestinos.

Como las plantas predominan en su dieta, el alimento no es muy nutritivo, por lo que su valor tiene que ser compensado por su volumen. Por ello las lisas se alimentan copiosamente de día y de noche, alcanzando los intestinos una longitud de 4 o 5 veces la del cuerpo.

La lisa gris desova en el mar de julio a septiembre. Los huevos son pelágicos, y su cantidad llega habitualmente a varios millones. Tiene importancia comercial, en particular en las costas de Francia.

La lisa gris (1) es una especie pequeña, que alcanza un largo de sólo 15 cm a 20 cm, ocasionalmente hasta 25 cm. Su cuerpo tiene forma de torpedo, con grandes escamas cicloideas que se extienden hasta la cabeza. La aleta dorsal está dividida en dos secciones separadas, la primera de las cuales tiene cuatro duros radios. Se destaca el labio inferior, liso y cuyo grosor es igual al diámetro del ojo.

La lisa gris y la lisa negrona pueden distinguirse por la formación de una brecha entre los huesos de la mandíbula inferior. En la primera (2), la brecha es angosta, en forma de flecha, mientras que en la segunda (3) es más ancha y ovalada.

Mugilidae

187

Lisa de cabeza plana

Mugil capito

La lisa de cabeza plana vive a lo largo de las costas del Atlántico en Europa y África, desde Noruega meridional al cabo de Buena Esperanza, así como en el Mediterráneo y el mar Negro. Resulta rara en las latitudes septentrionales. Le agrada penetrar en las aguas dulces de los ríos, yendo corriente arriba, por ejemplo subiendo por el Nilo hasta El Cairo. Aparece, además de en los ríos, en lagos y lagunas costeros. Es la más abundante de las lisas en aguas dulces europeas. Desova en el mar, generalmente de noche. Los machos predominan en el desove, siendo más pequeños que las hembras.

Como activa especie pelágica, emprende migraciones no sólo para desovar, sino también para alimentarse. Come principalmente plantas, pero también, ocasionalmente, pequeños moluscos. Su carne es sabrosa y las huevas saladas, junto con las de otras lisas, se emplean como sucedáneo del caviar.

Otra especie de sustancial importancia comercial es la lisa aguda o galúa *(Mugil saliens)*. Está distribuida a lo largo de la costa atlántica de Europa meridional, hasta el golfo de Vizcaya, a lo largo de la costa occidental de África, así como en el Mediterráneo, el mar negro y el mar de Azov. Junto con la lisa gris, ha sido introducida con éxito en el mar Caspio. Es una activa especie pelágica que emprende migraciones tras el alimento durante todo el año.

En particular en los meses de verano, cuando se alimentan más, las lisas se congregan en los lagos de las bahías y en la costa, penetrando a menudo en los tramos inferiores de los ríos. El desove se produce en el mar desde junio a septiembre; los huevos son pelágicos y muy numerosos, flotando en la superficie.

La lisa de cabeza plana (1) tiene un cuerpo en forma de torpedo cubierto con grandes escamas cicloideas que llegan hasta la cabeza, arriba hasta los cornetes y abajo cubriendo la mandíbula inferior.

Mugilidae

El cuerpo es transversalmente oval, pero menos regular que en la Lisa gris. Las aletas pectorales son relativamente cortas en comparación con otras especies de lisas. El color del cuerpo es azul grisáceo, con un brillo metálico, faltándole la mancha dorada sobre el opérculo. La Lisa de cabeza plana es una especie relativamente grande, alcanzando una longitud de 30-50 cm y un peso de 1/2 kg. En ocasiones se ha dado el caso de capturas que llegan a medir 70 cm y pesan 3 kg. La Lisa aguda o Galúa (2) no se diferencia de otras especies de lisas en la forma de su cuerpo, aunque la cabeza es más puntiaguda cuando se la mira desde arriba. Tiene varias manchas doradas en el opérculo. Crece hasta los 15-20 cm de largo, en el mar Caspio hasta 20-35 cm, aunque excepcionalmente alcanza un tamaño de 40 cm y un peso de hasta 1,5 kg.

Corcón

Mugil labrosus

El corcón está distribuido a lo largo de la costa atlántica de Europa y África, desde Noruega meridional hasta el Senegal, así como en el Mediterráneo. Aparece también cerca de las costas de Islandia, Madeira, las Canarias y las Azores. A veces se lo encuentra en el mar Negro y en los tramos inferiores de los ríos.

El corcón emprende largas migraciones en busca de alimento, viajando hacia el norte en primavera y hacia el sur en otoño. Como otras lisas, se alimenta de lo que encuentra en el fondo, encontrando comida en las costas bajas.

El hecho de que coma detritus significa que no se disputa el alimento con otras especies de peces. Por esa razón, la introducción de lisas en estanques en los que no viven especies con requisitos alimenticios similares a los suyos generalmente tiene éxito. La lisa negrona, la lisa gris y la lisa de cabeza plana, por ejemplo, se han introducido con éxito en el mar Caspio; las últimas dos especies no sólo han sobrevivido, sino que han alcanzado un tamaño mayor del que tenían en su distribución original.

Durante el periodo de desove, de junio a agosto, el corcón disminuye su alimento. Las crías cazan zooplancton y, como para cazar deben orientarse por la vista, se alimentan exclusivamente de día.

El corcón madura de los 3 a los 5 años, alcanzando un largo de 50 cm a 75 cm y un peso de 2 kg a 4 kg, en casos aislados hasta 90 cm y 9 kg. Es una especie muy significativa en la pesca comercial, tanto en el Mediterráneo como en las aguas de Europa septentrional.

Una característica destacada del corcón (1) es el labio superior, llamativamente grueso y alto; su altura es mayor que la mitad del diámetro del ojo. La parte inferior del labio está cubierto por papilas verrugosas. La forma diferente del labio del corcón (2) se aprecia al compararlo, por ejemplo, con la lisa gris (3). La boca de ésta es pequeña, su extremo llega apenas al borde anterior del ojo. Las lisas tienen párpados adiposos. En el corcón están poco desarrollados, y aparecen sólo en el borde anterior y posterior del ojo.
El corcón tiene el lomo de verde oscuro a azul, y los flancos azul plateado.
A los costados tiene de 7 a 8 rayas grises longitudinales. Las grandes escamas cicloideas llegan hasta la cabeza, pero no cubren la quijada inferior.

Mugilidae

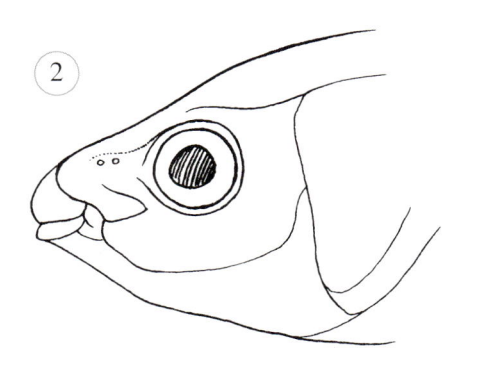

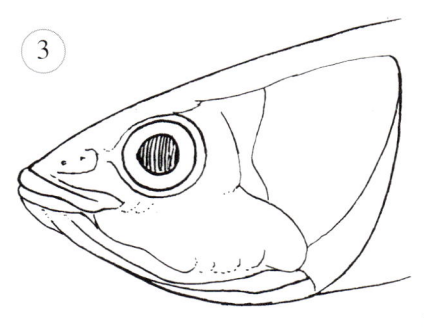

Pejerrey

Atherina mochon

El pejerrey está presente en el Mediterráneo, el mar Negro y el mar de Azov, en los tramos inferiores de algunos ríos, por ejemplo el Dniéster y el Bug, y en los lagos costeros de Italia y España, como la Albufera. Habita en lugares profundos a lo largo de la costa, emigrando a las bahías costeras poco profundas y con gran vegetación para desovar. Las hembras más grandes y viejas llegan antes a los sitios de desove. Éste, de hasta 2.000 huevos, se produce gradualmente en varias tandas con intervalos de varios días. Los huevos tienen una especie de zarcillo con el que se adhieren a las plantas. El pejerrey no tiene gran importancia económica. Alcanza un largo de sólo 10 cm a 15 cm y un máximo de 16 cm. Dada su gran abundancia, se suele capturar para alimentar a los animales domésticos. También es alimento de los peces depredadores.

Tanto por la forma de su cuerpo como por su color, el pejerrey común *(Atherina presbyter)* es similar al pejerrey. Es algo más grande, alcanzando un largo de 12 cm a 15 cm y un peso de 50 kg a 70 kg, excepcionalmente hasta 22 cm y un peso de 110 g. Aparece en gran número en las aguas costeras desde Dinamarca al norte de Inglaterra y España, así como en la costa atlántica de África llegando hacia el sur hasta el Senegal. Desde el mar emigra a las aguas salobres y dulces de los estuarios fluviales y lagos de la costa. Desova en el agua de mar, en zonas bajas entre las plantas acuáticas, en la época que va de abril a julio. También sus huevos se adhieren a las plantas por medio de zarcillos. Tiene la misma importancia comercial que el pejerrey.

Otra especie emparentada es *Atherina hepsetus*, presente en el Mediterráneo, el mar Negro, el mar Caspio y el mar de Azov, así como en los estuarios de los grandes ríos que en ellos desembocan.

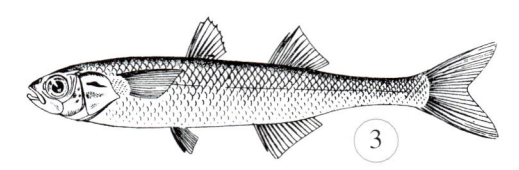

El pejerrey (1) tiene un cuerpo alargado y esbelto, con dos aletas dorsales y ojos notablemente grandes. Una raya plateada, del ancho de una hilera de escamas, corre a los lados. Aquéllas son cicloideas, bordeadas de negro. Una característica típica de la especie es la colocación de la primera aleta dorsal, que comienza en el punto donde llega la punta de la aleta pectoral, estando al mismo tiempo encima de la base de las aletas ventrales.

Atherinidae

El pejerrey común (2) tiene también un cuerpo alargado y fino, con dos aletas dorsales y cubierto con escamas cicloideas. El lomo es de color verde, y las escamas están bordeadas de negro. A los lados corre una neta banda plateada y el abdomen es de color blanco plateado. *Atherina hepsetus* (3) tiene pequeñas escamas. La banda plateada que corre a los lados es más ancha que una hilera de escamas.

Perca
Perca fluviatilis

La perca aparece en toda Europa, con excepción de Escocia, Noruega y las penínsulas del sureste. Habita los más variados tipos de agua, desde lagunas en los tramos superiores de los ríos, torrentes y arroyos, hasta estanques y embalses. Desova en cardúmenes desde abril a junio en lugares con una profundidad de 1 a 4 m. Los pececillos viven predominantemente de zooplancton, posteriormente de pequeños invertebrados, cambiando a un modo de vida depredador al alcanzar los 20 cm de largo. Comen peces más pequeños, incluso sus propias crías. La perca pasa la mayor parte de su vida en bancos, la caza de alimento es colectiva y organizada. Un grupo de percas rodea un cardumen de pequeños peces. Entonces, mediante un veloz asalto, cada perca captura sus presas. Los peces viejos, que viven en solitario, cazan usando otro método. Como el lucio, se agazapan esperando a su presa. Cuando un cardumen se acerca inadvertidamente al lugar donde espera la perca, ésta se lanza fuera de su escondite. Si así no consigue cazar, los persigue. En esto se diferencia del lucio, que nunca persigue su presa después de un ataque fallido.

En estanques cerrados, las percas, después de un tiempo, se reproducen de tal manera que las provisiones no son suficientes y la población se torna raquítica. En condiciones favorables, maduran al alcanzar un largo de 12 cm a 15 cm a la edad de 2 o 3 años. La perca es un animal de larga vida, que puede llegar a los 50 años. Los peces más grandes y de mayor edad son predominantemente hembras.

La perca es un pez favorito de los pescadores de caña. Para los viveros ofrece la ventaja de ser comercializable, así como la de actuar como regulador, eliminando los especímenes pequeños de las especies indeseables.

La perca (1), alcanza de 30 cm a 40 cm de largo y de 0,5 kg a 2 kg de peso; excepcionalmente puede alcanzar 50 cm y 5 kg. Tiene cabeza cuneiforme, con boca terminal bien dentada y ojos llamativamente grandes. Las dos aletas dorsales están netamente separadas. La primera está formada por radios duros y agudos, con una mancha negra en el extremo posterior. Esta mancha puede encontrarse también en las jóvenes percas, pudiéndose así distinguirlas de las luciopercas. Las aletas ventrales de los *Percidae* están colocadas bajo las pectorales. Las viejas percas (2), que alcanzan un tamaño de 25 cm a 30 cm, tienen una característica joroba formada por un abrupto arqueamiento de la parte dorsal, justo encima de la cabeza. Los huevos (3) están agrupados en cintas transparentes que pueden medir de 1 m a 2 m de largo.

Percidae

Lucioperca

Stizostedion lucioperca

La lucioperca habitaba originalmente la región del Elba hasta los ríos que desembocan en el mar de Aral, apareciendo también en el Maritsa y en ríos del Cáucaso. Desde estos sitios fue introducida en gran parte de Europa y en EE.UU. Vive en pequeños bancos cerca del fondo de los sitios profundos en los tramos inferior y central de los cursos fluviales. Prefiere los lugares con fondo arenoso o pedregoso, con suficiente espacio para esconderse durante el día. Puede tolerar aguas salobres y viveros. Es más activa por la noche y por la mañana temprano.

Con excepción de la población semimigratoria de las aguas salobres, la lucioperca no emprende largas migraciones. Mientras pueda encontrar condiciones favorables para desovar en su lugar de residencia habitual, lo hará allí directamente.

Las hembras ponen de 180.000 a 1.850.000 huevos viscosos que se adhieren al fondo, así como a las raíces de las plantas acuáticas que limpia el macho, vigilando el depósito de huevos y ocupándose de su cuidado. La salida se produce después de 5 o 10 días. Cuando comienzan a nadar, las crías se alimentan de organismos planctónicos, adoptando una nutrición depredadora después de alcanzar un largo de 3 cm a 5 cm. Al principio cazan crías, después peces pequeños, principalmente alburnos, rutilos, escardinos, percas y acerinas. No es capaz de tragar presas más grandes, porque sus fauces son pequeñas. El hecho de que capture las especies menos valiosas comercialmente, que después contribuyen a formar su sabrosa carne, es la razón por la cual despierta gran interés entre los pescadores. Anualmente se capturan en Europa más de 10.000 toneladas. Como especie ictiológica auxiliar en las lagunas cumple la misma función que el lucio, eliminando los peces indeseables.

La lucioperca (1), a diferencia de su pariente la perca, tiene un cuerpo esbelto y alargado. La línea lateral llega hasta la aleta caudal, la mandíbula superior se extiende por detrás del borde posterior del ojo y las aletas ventrales están sumamente separadas. Alcanza un largo de hasta 1 m y un peso de 15 kg.
La lucioperca del Volga *(Stizostedion volgense)* (2) está distribuida únicamente en los tributarios del mar Negro y el mar Caspio. Se diferencia de la lucioperca por su menor tamaño y las más notorias rayas transversales, que no se desintegran en motas. Las características más pronunciadas que permiten distinguir las dos especies se encuentran en la cabeza.
La lucioperca (3) tiene opérculo sin escamas, y en la boca presenta varios grandes dientes llamados «dientes de perro». La lucioperca del Volga (4) tiene el opérculo cubierto con escamas y todos los dientes son aproximadamente del mismo tamaño.

Percidae

197

Aspro mayor
Zingel zingel

El aspro mayor aparece en los tributarios del Danubio y el Dniéster y vive en el fondo de grava del lecho principal. Durante el día se esconde bajo las piedras y en hoyos del fondo. Como no tiene vejiga natatoria, se mueve a saltos sobre el fondo. Allí caza también su alimento que consta de invertebrados y, en el periodo de desove, de huevos y crías de otras especies. De marzo a mayo desova en la corriente suave de los sitios bajos en el lecho principal. Las hembras ponen hasta 5.000 huevos. Según ciertos autores, los entierra en el fondo, como los salmónidos. En vista de su bajo número, no tiene un gran significado económico. Su aparición se va haciendo cada vez más rara y en algunos países ha sido incluido entre las especies protegidas.

El aspro menor *(Zingel streber)* tiene una distribución similar. Aparte de los ríos que afluyen al Danubio y al Dniéster, se encuentra también en el Prut, el Vardar y en sus tributarios. Tiene más exigencias que el aspro mayor respecto a la calidad del agua. La pureza y el contenido de oxígeno son primordiales, por lo que vive en la zona de barbos corriente arriba. Busca partes más profundas y rápidas con fondo pedregoso.

En la época de desove, aparece en la cabeza, lomo y aletas pectorales de ambos sexos la clásica erupción. A pesar de ello, es posible distinguir los machos por su mayor número de tubérculos. La hembra pone de 600 a 4.200 huevos viscosos sobre las piedras o en la grava del fondo. Otros aspectos de su modo de vida, incluyendo la composición de su dieta, son similares a los del aspro mayor.

Si se compara la abundancia de estas dos especies, se descubre que el aspro menor va siendo más escaso que el aspro mayor, por lo que merece ser protegido más estrictamente.

El aspro mayor (1) es un pez esbelto y alargado, de cuerpo cilíndrico y cabeza achatada por arriba. Las dos aletas dorsales están netamente separadas. Tiene una boca ventral pequeña. En contraste con su pariente, el aspro menor, tiene rayas transversales menos destacadas, y el sector de la cola es más corto. Alcanza un largo de 15 cm a 30 cm y un peso de alrededor de 250 g, en casos aislados 45 cm y 1 kg. Su expectativa de vida es de unos 10 años.

Percidae

El aspro menor (2) se diferencia del aspro mayor por su pedúnculo, notablemente largo y estrecho, y 4 o 5 notorias rayas negras transversales. Tiene la interesante característica de poder mover sus ojos libremente. Alcanza una longitud de 12 cm a 18 cm, ocasionalmente 22 cm, y un peso de unos 200 g. Vive de 5 a 6 años.

Otra especie europea del género aspro, es el aspro común *(Zingel asper)* (3) que aparece en el área del Ródano. Alcanza un largo de 25 cm.

Acerina

Gymnocephalus cernua

La acerina vive en los tramos inferiores de los ríos de corriente veloz, embalses y en algunas lagunas, desde Inglaterra y el noreste de Francia hasta el río Kolyma, en la región siberiana de la antigua Unión Soviética. Falta en Irlandia, Escocia, Noruega occidental y septentrional, las penínsulas meridionales. A pesar de sus exigencias relativamente altas en términos de pureza del agua y contenido de oxígeno, es muy abundante en ciertos lugares. Se reúne en bancos en abril y mayo y penetra en las zonas poco profundas para desovar. Como en el caso de la perca, los huevos están agrupados en cintas de hasta 1 m de largo. Después de digerir el saco vitelino, la larva vive de pequeño plancton y bentos, los peces jóvenes de fauna del fondo y, durante la época de la reproducción, de los huevos y crías de otras especies. Por ello es considerada por los pescadores como una especie indeseable.

Por su modo de vida, la acerina danubiana *(Gymnocephalus schraetzer)* se parece a la acerina. Sin embargo, a diferencia de ella, prefiere los lugares más profundos con corriente más fuertes, en donde desova. Aparece exclusivamente en el Danubio, de Baviera al estuario, así como en la parte inferior de sus tributarios. La hembra pone hasta 10.000 huevos. Sólo abandona las profundidades de noche, cuando sale a buscar alimento. Dado su escaso número no tiene importancia comercial.

Descubierta en 1907 en el curso principal del Danubio, *Gymnocephalus baloni*, fue considerada en un principio como un híbrido de la acerina y de la perca. Alcanzó su categoría de especie en 1974. La única especie de acerina que habita las aguas de curso rápido de los ríos Arges y Vislan, en el área del Danubio en Rumania, es la perca rumana *(Romanichthys valsanicola)*, descrita por primera vez en 1974.

La acerina (1) tiene el cuerpo corto y lateralmente aplastado, con lomo arqueado. Los opérculos terminan en una clara espina. El borde inferior de las branquias es dentado. Se diferencia de la perca porque tiene dos aletas dorsales juntas. Alcanza un largo de 12 cm a 15 cm, excepcionalmente 24 cm, y un peso de 100 kg a 150 kg.
Los especímenes más grandes son raros, y suelen aparecer más bien en la parte oriental de la zona de acerinas.

La acerina danubiana (2) tiene un cuerpo más bajo y alargado. Las escamas son más pequeñas que las de la acerina. La parte delantera de la cabeza se extiende en un notable hocico. Alcanza de 15 a 20 cm, a veces hasta 24 cm, y un peso de 150 g.

Gymnocephalus baloni (3) se diferencia de la acerina por su color, su cuerpo más alto y por tener dos espinas en el opérculo en lugar de una. La perca rumana (4) es un pez pequeño, de 8 cm a 13 cm de largo.

Percidae

Perca atruchada

Micropterus salmoides

La perca atruchada fue introducida en Europa a fines del siglo pasado desde el sur de Canadá y los Estados Unidos, esperando que se agregaran al número de especies ictiológicas explotadas con propósitos comerciales y deportivos. Lamentablemente, no se cumplieron las expectativas. La perca atruchada, en su nuevo ambiente, alcanza sólo un pequeño tamaño y además se disputa el alimento con las especies nativas. En Europa se ha establecido hasta ahora en algunos países del oeste, y en el este, en el área del Danubio. Allí alcanza su madurez sexual en 3 o 4 años y puede vivir hasta 15. Es un depredador: aparte de peces e insectos acuáticos, caza también ranas y renacuajos. En sus aguas nativas es un pez valioso, tanto para la economía como para la pesca deportiva. En aguas europeas, tiende a ser una especie indeseable, aunque no resulta particularmente abundante.

Su pariente, *Micropterus dolomieui* fue llevada de América del Norte a Europa a fines del siglo pasado, junto con la perca atruchada. En Europa ha sobrevivido en muy pocos países, por ejemplo en Francia y en la antigua Unión Soviética. En Europa occidental, los pescadores la usan para poblar las zonas bajas y las pequeñas lagunas, de otro modo inutilizables, o las mantienen en estanques como pez auxiliar junto con la carpa.

De la parte oriental de América del Norte, se trajo a Europa a fines del siglo pasado otra especie de esta familia: la perca sol *(Lepomis gibbosus)*. Por su brillante colorido, que conserva también fuera de la época de reproducción, se suele mantener en las fuentes de parques y jardines, así como en acuarios. Actualmente hay sólo poblaciones aisladas en Europa occidental, central y oriental.

En Europa, la perca atruchada alcanza habitualmente un largo de 30 cm a 35 cm, excepcionalmente hasta 50 cm, y un peso de 1 kg a 2,5 kg. En América del Norte alcanza un largo de hasta 80 cm y un peso de 4 kg a 8 kg. Una característica típica, también de otras especies de la familia, es la aleta dorsal única, cuya parte delantera es más baja que la trasera. Tiene boca grande, bien dentada. Las escamas ásperas se extienden hasta las branquias. El color es muy variable, y en los peces adultos aparece una lista oscura a lo largo de los flancos. *Micropterus Dolomieui* (2) alcanza en Europa mayor tamaño que la anterior, normalmente de 20 cm a 40 cm de largo y un peso de 2 kg, aunque hay ejemplares que excepcionalmente llegan a medir 60 cm y a pesar 4,5 kg.

La perca sol (3) se caracteriza por su color verde grisáceo a castaño, con brillo de madreperla. Los opérculos tienen un color particularmente brillante. Esta especie mide sólo de 15 cm a 20 cm, alcanzando excepcionalmente los 25 cm de largo.

Centrarchidae

203

Charrasco

Cottus gobio

Los charrascos están distribuidos en Europa desde la costa norte de España al área que alimenta el Báltico, en Italia, Dalmacia, en los ríos Vardar y Danubio, en Crimea y en los ríos Pechora, Dniéster y Prut.

Vive en arroyos montañosos y submontañosos y en pequeños ríos con aguas frías y bien oxigenadas. El cuerpo aplastado está adaptado para la vida cerca del fondo de las aguas rápidas. Las manchas oscuras irregulares sobre su color básico verde grisáceo claro crean la impresión de que el contorno del cuerpo se confunde con el sustrato del fondo (2). Este camuflaje le brinda seguridad. Como no tiene vejiga natatoria, avanza a saltos. Pasa la mayor parte del tiempo en escondites bajo las piedras en las que busca refugio de la corriente rápida, protección contra los enemigos y también su alimento. Éste consiste en la pequeña fauna que vive en el fondo, especialmente la que encuentra bajo las piedras. Durante el periodo de desove agrega a su dieta huevos y crías, incluyendo las suyas propias.

Cada individuo tiene un refugio permanente bajo una piedra, que sólo abandona en las horas de tarde y de noche, cuando sale a cazar comida. El charrasco permanece apegado a su refugio por muchos años. De abril a junio utiliza los espacios bajo las piedras para desovar. El macho busca y limpia cuidadosamente una pequeña cueva, donde la hembra pone de 100 a 500 huevos, habitualmente en el techo. A veces el macho logra conseguir otras hembras para desovar.

El charrasco representa un importante componente de la dieta de los Salmónidos, principalmente las truchas. Los pescadores lo usan como cebo. Crece hasta alcanzar un largo de 12 cm a 14 cm y un peso de 80 g.

La cabeza grande y maciza del charrasco (1) es una adaptación a la vida en aguas de corriente rápida. El crecimiento de los huesos de la cabeza lo ha provisto de un escudo que protege los órganos internos de la arena y la grava arrastradas a lo largo del lecho del río durante las lluvias o el deshielo de primavera. Los ojos charrasco están además protegidos por unas anteojeras formadas por dos capas de córnea, entre las cuales hay un líquido. La piel es totalmente lisa y sin escamas. Ante una amenaza directa, el charrasco enfrenta a su adversario, despliega las branquias y las sólidas aletas pectorales y abre su gran boca dentada (3). Los ojos protuberantes, las espinas de las branquias y los cornetes tubulares, contribuyen a aumentar aún mas el efecto pavoroso, por lo que no es sorprendente que algunas truchas poco experimentadas retrocedan ante este pez que, aunque pequeño, aparenta ser sumamente peligroso.

Cottidae

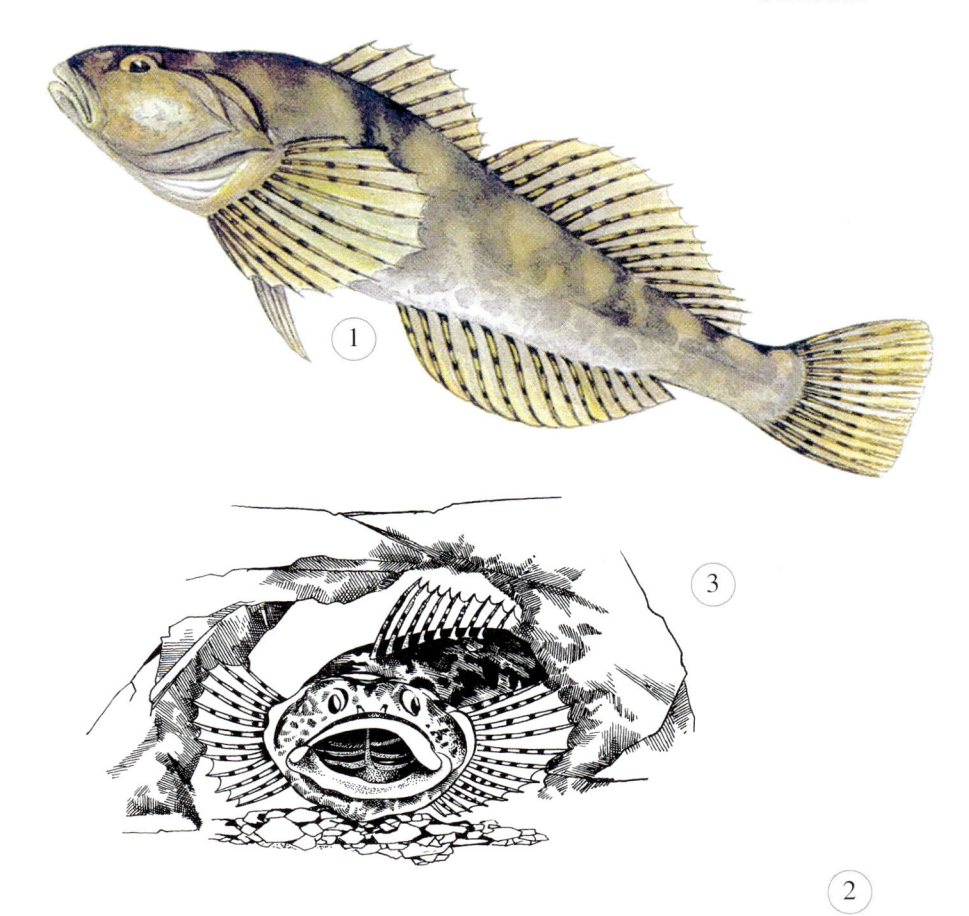

205

Coto de Siberia

Cottus poecilopus

El coto de Siberia habita arroyos y torrentes de montaña en Europa septentrional y central, y en Asia hasta el río Kolyma, en Siberia, desde las regiones que alimentan el Oder y el Danubio hasta el Amur.

Su sistema de vida es similar al del charrasco, aunque requiere mayor contenido de oxígeno en el agua, por lo que vive en los tramos más altos de los ríos, donde la corriente es más rápida. Frecuentemente asciende hasta las regiones de los manantiales. En los límites entre las aguas de montaña y la zona submontañosa convive con el charrasco. En esos sitios las dos especies también se reproducen juntas, y los cruces se dan a menudo. Parece que el coto de Siberia es una especie más agresiva, porque en aquellos lugares en los que está en contacto con el charrasco es más numeroso, en relación de 3 a 1.

Debido a su conducta belicosa y a su gran boca, se consideraba antiguamente que los cotos constituían una especie dañina en aguas de truchas. Sin embargo, análisis realizados sobre su alimentación han demostrado que su efecto negativo sobre los Salmónidos ha sido sobreestimado. La dieta del coto consiste principalmente en animales que viven bajo las piedras, resultan inaccesibles para la trucha. Es decir que, al cazarlos, el coto usa una fuente alimenticia que sin ellos se perdería. Estos, por su parte, a veces caen presa de las truchas más grandes, por lo que representan una rica fuente de proteínas en las frías aguas montañosas, que son sumamente pobres en materias nutritivas.

El coto de Siberia (1) alcanza usualmente un largo de 15 cm y un peso de 80 g. Los ejemplares más grandes miden unos 20 cm y viven alrededor de 6 años. La estructura del cuerpo y el color se asemejan a los del charrasco, aunque la boca es más ancha y la línea lateral está incompleta. En el borde superior de la aleta dorsal delantera hay un borde anaranjado que es particularmente pronunciado en los machos; además, estos se diferencian de las hembras por sus cabezas más grandes y anchas, las aletas más largas y el color más oscuro.

Las características diferenciales más pronunciadas entre el charrasco y el coto de Siberia, se encuentran en la parte abdominal. El primero (2) tiene un poro nervioso en el centro del mentón. Las aletas ventrales son anchas, sin rayas y no se extienden hasta el orificio anal. El segundo (3) tiene dos poros nerviosos en el mentón. Las aletas ventrales son más angostas, rayadas y llegan hasta el orificio anal, y a veces se prolongan más allá.

Cottidae

207

Coto de cuatro cuernos

Myoxocephalus quadricornis

La forma del cuerpo del coto de cuatro cuernos delata su relación con las especies de agua dulce del género *Cottus*. Alcanza sin embargo un tamaño mayor, habitualmente de 20 cm a 35 cm y un peso de 150 kg a 200 g. En raras ocasiones se han capturado especímenes de alrededor de 60 cm. Aparece en el mar y en las aguas salobres a lo largo de las costas árticas de Europa, Asia y América del Norte. También se presenta en las aguas dulces de los lagos de Escandinavia y Carelia y en los Grandes Lagos de América del Norte. En dichos lagos y en el Báltico, es un vestigio de la era glacial y vive en los fondos rocosos de las costas con vegetación de plantas acuáticas. Las hembras son más grandes que los machos.

El desove se produce de diciembre a enero. La hembra pone de 2.000 a 6.200 huevos en el fondo, entre las piedras, y el macho los vigila. Después de la salida, sin embargo, la cría es a menudo presa de sus propios padres. Su dieta habitual consiste en pequeños peces, su cría y crustáceos. Debido a su carne blanca y sabrosa, esta especie se pesca de vez en cuando, pero no tiene importancia comercial significativa.

La especie *Benthophilus macrocephalus*, un miembro de la familia de los *Gobiidae* mide sólo de 5 cm a 10 cm de largo. Está distribuida en el mar Caspio y en el mar de Azov, desde donde penetra en los tramos inferiores de los ríos. Vive de los pequeños invertebrados del fondo, especialmente gusanos, moluscos, crustáceos y larvas de insectos. No tiene importancia comercial.

Las cuatro protuberancias en forma de cuernos sobre cada opérculo, han dado al coto de cuatro cuernos (1) tanto su nombre científico como el vulgar. El cuerpo cuenta con un pedúnculo largo y estrecho. Hay pequeños escudetes óseos en la piel, formando 1 o 2 hileras sobre la línea lateral. Destacadas características son los dos pares de protuberancias esponjosas de color amarillo detrás de los ojos y en la nuca (2).

Los sexos pueden distinguirse por el largo de la segunda aleta dorsal; en los machos es más larga, y cuando descansa contra el cuerpo llega hasta la base de la aleta caudal.

Benthophilus macrocephalus (3) tiene el cuerpo achatado, con una cabeza maciza y dos aletas dorsales. Las aletas ventrales se funden en un disco de succión. En la piel del cuerpo se observan escudetes óseos.

Cottidae

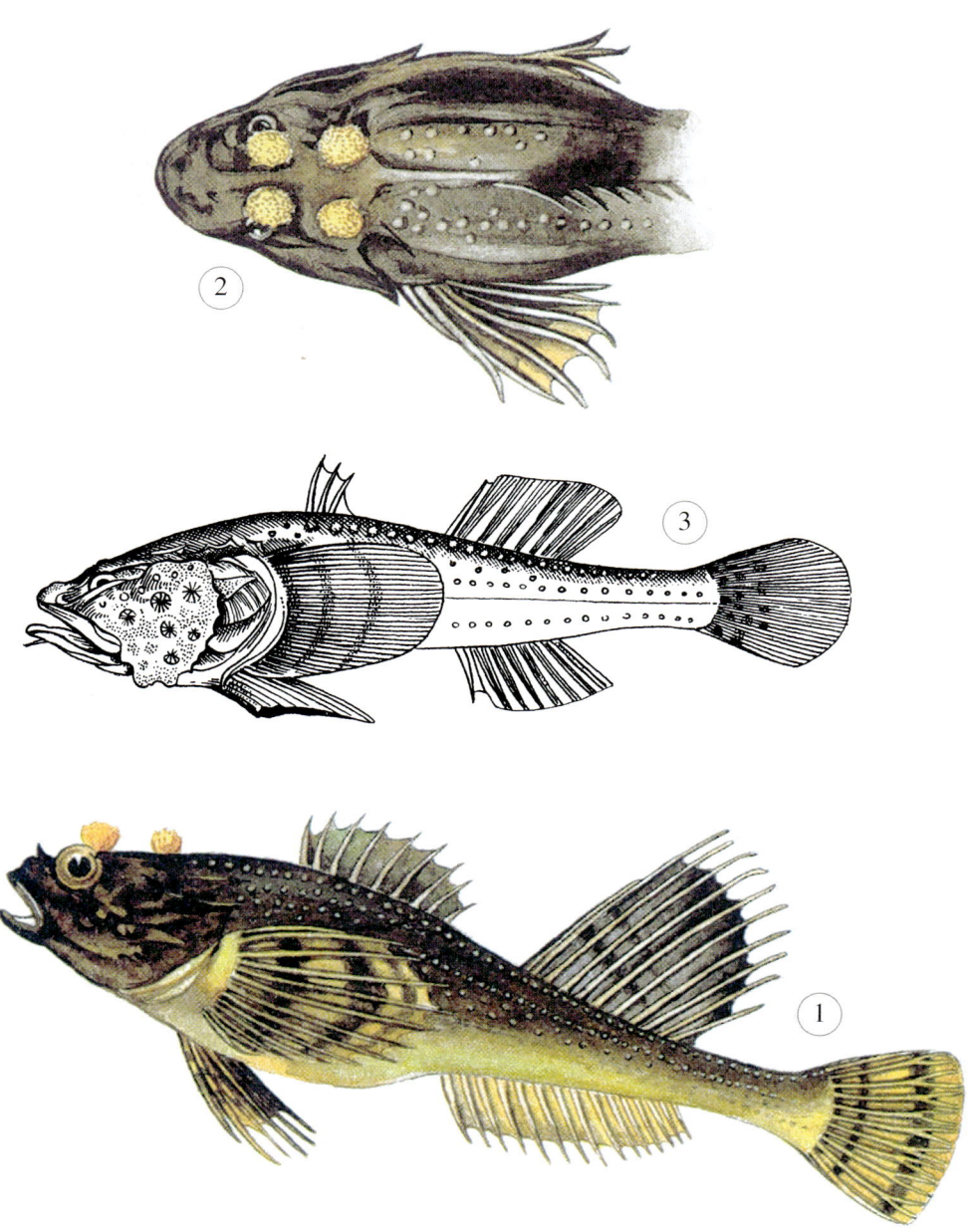

Gobio del mar Negro

Proterorhinus marmoratus

El gobio del mar Negro habita en aguas salobres, ríos y lagos de las áreas que alimentan el mar Negro, el mar Caspio y el mar de Azov. Vive en las aguas bajas de la costa, desde donde penetra en los ríos (Danubio, Araks, Bug, Dniéster y Prut) y sus afluentes, así como en lagos (Neusiedler, Balaton) y hasta en canales de drenaje y aguas de zonas inundadas.

Vive cerca del fondo, en lugares con corriente suave y suficientes escondites. No tiene vejiga natatoria y por eso no es un gran nadador, moviéndose en el fondo por medio de saltos. Sin embargo, a pesar de su aparente torpeza, es capaz, si lo molestan, de desaparecer con una velocidad fulminante, ocultándose bajo las piedras, raíces de la costa o vegetación acuática, donde también permanece durante el día. No sale a buscar alimento hasta que oscurece. Come larvas de pequeños insectos, gusanos y moluscos y alcanza una longitud de sólo de 7 cm a 10 cm, excepcionalmente 12 cm.

Dependiendo de la temperatura del agua, desova de marzo a mayo. Los huevos alargados son puestos por la hembra en nidos en forma de cuenco construidos en el fondo. Aparte de los nidos, las hembras usan diversos elementos para depositar sus huevos, como valvas de moluscos, piedras de forma adecuada, y hasta tuberías de drenaje, latas o botellas. La hembra pone hasta 2.500 huevos, que son cuidados por uno de los padres.

El macho se diferencia de la hembra por su papila urogenital, más larga y puntiaguda, aunque la diferencia es escasamente distinguible en los ejemplares más pequeños fuera de la época de reproducción. Comienzan a desovar a los 2 o 3 años y la mayoría muere después del primer desove. Sólo ocasionalmente estos peces llegan a los 5 años.

El gobio del mar Negro (1) está adaptado, tanto por la forma de su cuerpo como por su color, a la vida en el fondo. Tiene el cuerpo ahusado, chato en los costados, de un discreto color castaño amarillento jaspeado de oscuro. Una característica destacada son los cornetes tubulares suspendidos sobre el labio superior. Se asemeja a los cotos, tanto en la forma de su cuerpo como en el color.

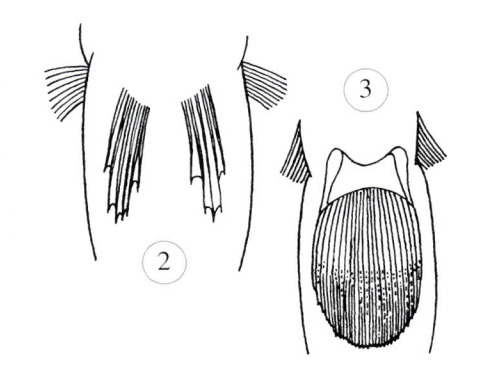

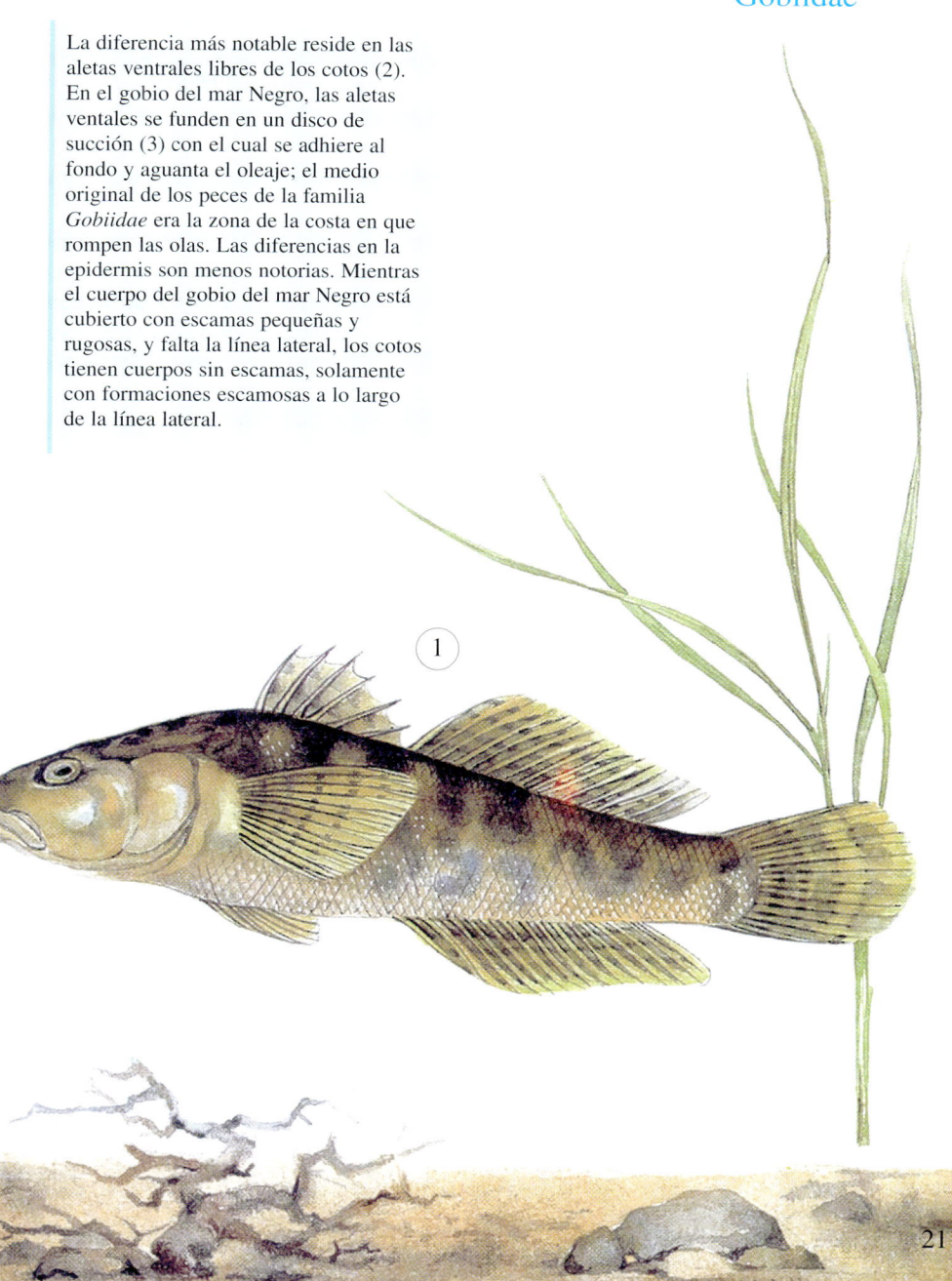

Gobiidae

La diferencia más notable reside en las aletas ventrales libres de los cotos (2). En el gobio del mar Negro, las aletas ventales se funden en un disco de succión (3) con el cual se adhiere al fondo y aguanta el oleaje; el medio original de los peces de la familia *Gobiidae* era la zona de la costa en que rompen las olas. Las diferencias en la epidermis son menos notorias. Mientras el cuerpo del gobio del mar Negro está cubierto con escamas pequeñas y rugosas, y falta la línea lateral, los cotos tienen cuerpos sin escamas, solamente con formaciones escamosas a lo largo de la línea lateral.

Gobio de Canestrini

Pomatoschistus canestrini

Los peces del género *Pomatoschistus* se cuentan entre los más pequeños representantes de la familia *Gobiidae*. Como nunca alcanzan un largo ni siquiera de 10 cm, escapan naturalmente a la atención. Su pequeño tamaño es también la razón de su falta de importancia comercial, por lo que tampoco hay interés en estudiarlos. En consecuencia, es muy poco lo que se sabe sobre la vida de estos peces.

El gobio de Canestrini es un representante de agua dulce de su género, y vive en poblaciones aisladas en Croacia en el río Jadro, no lejos de Split, y en Italia en los alrededores de Venecia. Se alimenta de pequeños invertebrados, principalmente crustáceos y larvas de insectos.

El gobio moteado *(Pomatoschistus microps)* es una especie predominantemente marina que aparece en las aguas bajas a lo largo de la costa de Europa, desde Noruega hasta el Mediterráneo, el mar Negro y el mar de Azov. A menudo nada hacia las aguas salobres de los estuarios. Desova en parejas hasta ocho veces en el periodo que va de abril a septiembre. El macho busca una concha o piedra apropiada, limpia su superficie, y la hembra pone entonces de 500 a 1.000 huevos en la base elegida. El macho los cuida y, una vez producida la salida, vigila a la cría. Los jóvenes peces maduran en sólo un año y pocos ejemplares viven más de dos años. Se alimentan de pequeños invertebrados del fondo, principalmente crustáceos.

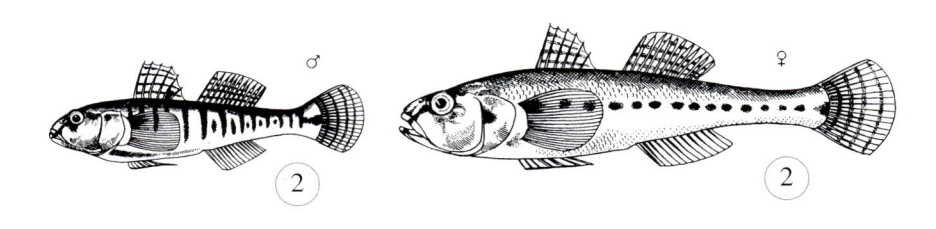

El gobio de Canestrini (1) crece hasta un largo máximo de 6 cm, siendo los machos un tercio más pequeños que las hembras. Características típicas son las dos aletas dorsales, las aletas ventrales que se funden en un succionador, y la aleta caudal asimétrica y convexa. Además de su tamaño más pequeño, los machos se diferencian también por tener seis rayas oscuras transversales no demasiado marcadas.

Gobiidae

En contraste con las especies precedentes, el macho del gobio moteado (2) tiene 12 rayas transversales a los costados. La hembra tiene una hilera de motas negras a lo largo de la línea lateral. La especie alcanza una longitud de sólo 3 cm a 5 cm, en contadas ocasiones hasta 5 cm. Los machos son casi un tercio más pequeños que las hembras.

♂

1

♀

Gobio de Panizza

Padogobius panizzai

El gobio de Panizza vive exclusivamente en Italia septentrional, en los ríos cerca de Venecia, por ejemplo el Po, y en los lagos Garda y Maggiore. Se conoce poco sobre su proceso de reproducción, excepto que desova en el fondo de los sitios arenosos y pedregosos. Come pequeños invertebrados del fondo. Alcanza una longitud de 3 cm a 5 cm, a veces hasta 6 cm.

El gobio del Caspio *(Caspiosoma caspium)* se cuenta entre las especies europeas más pequeñas, alcanzando una longitud de 3 cm a 4 cm, excepcionalmente hasta 5 cm. No se diferencia de la especie anterior en la forma de su cuerpo ni en la posición de sus aletas. Habita en la región septentrional del mar Caspio, el mar Negro y el mar de Azov. Permanece en los tramos inferiores de los grandes ríos, como el Volga, el Don y el Dniéper, y en las aguas salobres de sus estuarios. Su dieta consiste en invertebrados, principalmente pequeños crustáceos, y larvas de insectos de agua dulce. Su biología no se conoce en profundidad.

El Gobio corredor *(Gobius gymnotrachelus)* aparece en varios arroyos y lagos de la parte norte del área que alimenta el mar Negro, en las aguas salobres de su costa septentrional, y a lo largo de toda la costa del mar Caspio. Desova en parejas en abril y mayo en un nido previamente preparado en el fondo. Los huevos son cuidados por el macho. Su dieta prinicipal consiste en crustáceos. Tiene importancia local para la pesca en el mar Negro.

Otro gobio que vive en aguas salobres y dulces es el gobio sapo *(Gobius batrachocephalus)*, que aparece en las áreas que alimentan el mar Negro y el mar de Azov. Suele alcanzar un tamaño algo mayor, lo que lo convierte en una especie significativa para la pesca.

El gobio de Panizza (1) tiene el cuerpo cilíndrico con dos aletas dorsales. Las ventrales se funden en una ventosa. Una característica notable es la posición alta de los ojos. Los machos se diferencian de las hembras por sus notorias manchas marrones en las últimas dos barbas de la primera aleta dorsal, y en el mayor número de rayas transversales oscuras, unidas por líneas oblicuas a la altura de la línea lateral.

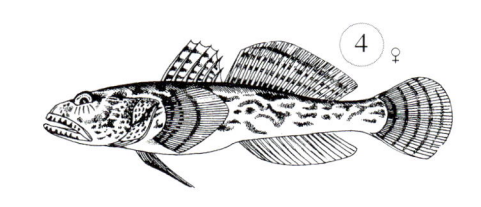

Gobiidae

El gobio del Caspio (2) tiene aleta pectoral puntiaguda, piel lisa sin escamas, grandes manchas oscuras irregulares en el cuerpo y rayas en la cabeza.

La hembra del gobio corredor (3) tiene un color más claro con manchas oscuras. El macho es más pequeño y de color negro. La hembra del gobio sapo (4) alcanza un largo de hasta 35 cm, es más pequeña que el macho y de color negro.

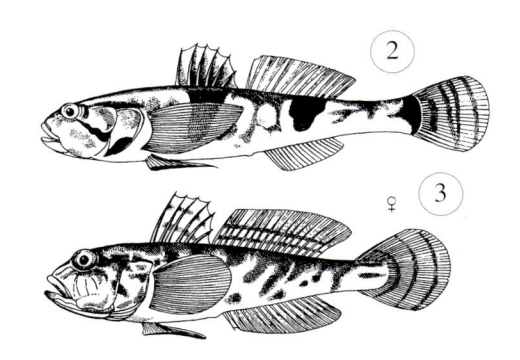

Rabosa de río

Blennius fluviatilis

La rabosa de río es el único representante de la familia *Blenniidae* que vive en agua dulce. Se la encuentra en arroyos, ríos y lagos del área norte y noroeste que alimenta el Mediterráneo. Prefiere el agua clara con fondo pedregoso. Como no tiene vejiga natatoria, no es capaz de nadar en aguas abiertas, moviéndose a saltos sobre el fondo. Cuando reposa sobre las piedras, se asienta sobre los radios reducidos y fusionados de las aletas ventrales.

El macho es de un pronunciado color negro castaño durante la época de la reproducción. Defiende los lugares que considera adecuados bajo las raíces, piedras o incluso en la orilla, para atraer a la hembra. Es él quien fertiliza los huevos y se encarga de cuidarlos. Mediante el movimiento de sus aletas pectorales, los baña con agua dulce, enriquecida con oxígeno y retira los huevos dañados o no fertilizados. Durante ese periodo no se alimenta. La hembra, por el contrario, no se ocupa de la cría, alimentándose copiosamente.

La salida se produce después de 14 días, a una temperatura de 20 ºC. Los alevines se agrupan en grandes bancos, buscando alimento cerca de la orilla. Al principio se alimentan de plancton, después de pequeños invertebrados del fondo, especialmente crustáceos.

La Rabosa de río no es significativa comercialmente. Los pescadores la usan como cebo. También sirve como alimento de los peces depredadores.

La rabosa de río (1) tiene un cuerpo pequeño y alargado, con largas aletas dorsales y anales. Su cuerpo no tiene escamas pero está protegido por una gruesa capa mucosa. La aleta dorsal no tiene muescas, y la sección espinosa se une directamente con la de radios blandos. El lomo es castaño plomizo, los flancos más claros y el abdomen blanco amarillento. Todo el cuerpo está cubierto con manchas redondas o alargadas de color verde castaño. Ambos sexos tienen una pequeña ramificación sobre los ojos, y los machos poseen además una excrecencia adiposa en la coronilla, que aumenta de tamaño con la edad.

El tamaño de la rabosa de río va de 8 cm a 12 cm, excepcionalmente alcanza 15 cm. Los dientes, relativamente grandes en ambas mandíbulas, delatan el hecho de que se trata de una especie depredadora.

Blenniidae

217

Platija
Platichthys flesus

La platija vive a lo largo de las costas de Europa, desde el Ártico hasta el Mediterráneo, el mar Negro y el mar de Azov. Es un pez pelágico, costero, que gusta de penetrar en aguas dulces, subiendo a veces corriente arriba. Tiene un cuerpo asimétrico, achatado a los lados. La platija adulto descansa sobre su lado izquierdo, aunque aproximadamente un tercio lo hace sobre el derecho. Nada ondulando las aletas dorsales y anales. El cuerpo está cubierto por escudetes óseos en forma de estrella y dos tipos de escamas.

En el cuerpo encontramos las escamas ctenoides (en forma de peine), y en el pedúnculo las escamas cicloideas. Desova de febrero a mayo en el lecho marino, a profundidades de 20 cm a 40 m. Como en muchos peces chatos, los huevos son pelágicos. La cría nada hacia las aguas salobres y dulces de los ríos, permaneciendo allí hasta que madura. Al principio se alimenta con pequeños crustáceos, más adelante con la pequeña fauna del fondo. La platija alcanza una longitud de 20 cm a 30 cm, en ocasiones hasta 50 cm, y un peso de 4 kg. Vive 16 años como máximo. Es una especie comercialmente importante, y las capturas anuales en aguas europeas alcanzan las 10.000 toneladas.

El lenguado común *(Solea solea)* es una especie pelágica y costera, que penetra a veces en agua dulce. Su cuerpo se asemeja a una hoja o a una lengua. Habita las costas de Europa occidental y meridional, desde el mar del Norte al Mediterráneo, donde vive sobre la arena a profundidades de 10 m a 100 m. En los estuarios de los grandes ríos permanece en las zonas con lodo. Normalmente alcanza un largo de 30 cm a 40 cm y de 1 a 2 kg de peso, excepcionalmente llega a medir 60 cm y a pesar 3 kg. Es una especie muy importante para la pesca, y las capturas anuales van desde las 35.000 a las 45.000 toneladas.

La platija (1) tiene el cuerpo asimétrico y aplastado. Descansa sobre un lado, generalmente el derecho, aunque se conocen ejemplares que lo hacen sobre el izquierdo.

Los embriones y la cría recién nacida son simétricos (2).

(4)

Pleuronectidae

La cría vive 50 días en zona pelágica, y al alcanzar los 11 mm pierde la simetría. Durante su desarrollo, la joven platija (3) experimenta otras modificaciones: desaparece la vejiga natatoria, la cabeza y la boca giran hacia un lado, y uno de los ojos acaba situándose en el mismo plano que el otro.

En los *Soleidae*, cuyo principal representante es el lenguado común (4), la forma de la cabeza (5) es diferente y la aleta dorsal llega casi hasta el hocico. Los cornetes, a diferencia de los ojos, no sufren desplazamiento alguno. El pequeño tamaño de aquellos se explica porque los sentidos que usa para obtener el alimento son el olfato y el tacto, lo que también explica las excrecencias que presenta cerca de la boca, en el lado ciego del cuerpo.

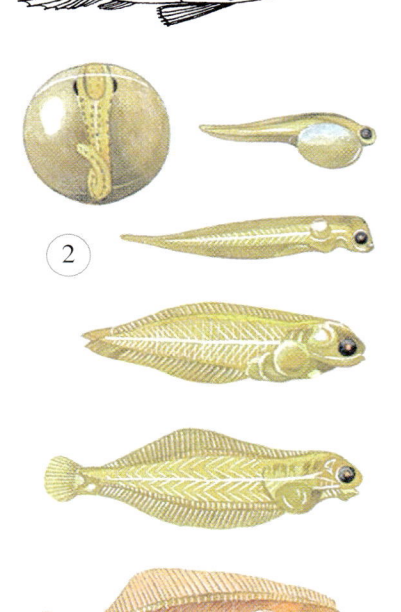

Índice de nombres en castellano

Abadejo 12
Acerina 9, 196, 200
— danubiana 200
Alburno 9, 22, 105, 130, 133
— bimaculado 9, 130
— del Danubio 132
— italiano 133
— rayado 25, 107, 110
Alfiler 23, 182
Alosa de Kessler 54
— del Caspio 52
Anguila 9, 11, 13, 14, 22, 26
— común 176
Arenque 16
Aspio 9, 21, 106
Aspro común 198
— mayor 198
— menor 198

Barbo 8, 9, 124, 126
— caucasiano 128
— de montaña 125
— del Aral 128
— griego 128
— turco 126
Brema 9, 11, 20, 22, 105, 134, 136, 138
— blanca 105, 134
— común 136
— de Bjoerkn 134
— del Danubio 138

Cacho 6, 8, 9, 21, 92, 94, 109
Carpa 7, 9, 20, 109
— común 146, 150
— de espejo 154
— de la hierba 10, 108
— de laguna 152
— desnuda 152
— lisa 152
— plateada 21, 108
Carpín 8, 9, 17, 25, 109, 144, 146, 148
— velado 148
Colmilleja 160, 162
— de cejas 164
— dorada 162, 164
— italiana 164
— larga 160
— rumana 162
Condrostoma común 9, 21, 22, 114

Corcón 190
Corégono 74, 76
— blanco 74
— narigudo 78
Coto de cuatro cuernos 14, 208
— de Siberia 8, 206
Charrasco 8, 9, 20, 204, 206

Eperlano 78
Escardino 21, 86, 89, 104, 134
Espinosillo 180
Espinoso 7, 23, 24, 180
Esterlete 22, 36
Esturión común 44
— de Guldenstaed 38
— de vientre desnudo 38, 40
— estrellado 42
— gigante 25, 46

Fartet común 158
— sureuropeo 158

Galúa 188
Galupe 184, 189, 190
Gambusia 7, 23, 25, 156
Gobio 7, 8, 9, 14, 22, 118, 120
Gobio caucasiano 122
— corredor 214
— dálmata 122
— de aletas blancas 120
— de Canestrini 212
— de Kessler 118
— de Panizza 25, 124
— del Caspio 214
— del Danubio 120, 122
— del mar Negro 210
— moteado 212
— sapo 214

Hucho 8, 9, 11, 21, 70

Idus 96

Lamprea 8, 13, 32
— de mar 34
— de Planer 30
— del Danubio 30
Lenguado 218
Leucisco 8, 9, 11, 92, 94

— de Makal 94
— de Turskyi 96
— de Ukliva 96
Lisa aguda 188
— de cabeza plana 188
— dorada 184, 189, 190
— gris 186
— negrona 21, 23, 184, 186, 190
Locha 8, 9, 11, 13, 22
— de Ankara 170
— de roca 168, 171
— de Terek 170
— del Cáucaso 164
Loina 116
Lota 7, 13, 22, 25, 178
Lucio 8, 9, 21, 84, 194
— del Volga 196
Lucioperca 8, 9, 194, 196

Madrilla 116
Misgurno 8, 9, 11, 13, 17, 20, 166
Mixino 28

Pejerrey 192
Peleco 21, 22, 142
Peled 12, 21, 76
Perca 8, 21, 194, 196, 200
— atruchada 202
— rumana 200
— sol 202
Perro gobio 83
Pez dorado 147, 148
— gato 174
— sol 24
Piscardo 8, 9, 100, 102
— de los pantanos 102
Platija 11, 14, 218

Rabosa de río 216
Ródeo 9, 23, 144
Rutilo común 8, 9, 86, 96, 105, 134
— del Danubio 88
— del mar Negro 90
Sábalo 48
Saboga 50
Salmón 23
— común 62
— del Danubio 8, 9, 11, 21, 70
— europeo 72
— jorobado 72
— keta 72
— rosa 72
Samarugo 156
Siluro 7, 9, 13, 20, 25, 172, 178
— europeo 172, 174
— griego 172

Tenca 7, 8, 9, 25, 112
Tímalo 8, 9, 80
Trucha 8, 65, 67
— alpina 66
— arco iris 9, 64, 68
— común 56
— de fontana 8, 9, 68
— de río 7, 8, 9, 21, 23, 24, 26, 56, 58, 64, 68
— lacustre 56, 60

Umbra común 7, 8, 11, 17, 21, 82
— pigmea 82

Vairón 98
Vimba 21, 24, 115, 140
Zoarces 8, 24

Índice de nombres en latín

Abramis ballerus 138
— brama 136
— sapa 138
Acipenser guldenstadti 38
— nudiventris 40
— ruthenus 36
— stellatus 42
— sturio 44
Alburnoides bipunctatus 130
Alburnus albidus 133
— alburnus 130
Alosa alosa 48
— brashnikovi 54
— caspia 52
—— nordmanni 52
—— tanaica 52
— fallax 50
— kessleri 54
— pontica 54
Anguilla anguilla 176
Aphanius fasciatus 158
— iberus 158
Aristichthys nobilis 21, 108
Aspius aspius 106
Atherina hepsetus 192
— mochon 192
— presbyter 192
Aulopyge hugeli 122

Barbus barbus 124
— brachycephalus 128
—— f. panachan 128
— ciscaucasicus 128
— cyclolepis 126
— graecus 128
— meridionalis 125, 126
— plebejus 128
Benthophilus macrocephalus 14, 208
Blennius fluviatilis 216
Blicca bjoerkna 134

Carassius auratus 148
— carassius 146
Caspiosoma caspium 214
Cobitis aurata 162
— caucasica 164
— conspersa 164
— elongata 160
— larvata 164

— romanica 162
— taenia 160
Coregonus albula 74
— autumnalis 76
— lavaretus 74, 76
— nasus 76
— oxyrhynchus 78
— peled 76
— sardinella 76
Cottus gobio 204
— poecilopus 206
Ctenopharyngodon idella 108
Cyprinus carpio 150
Chalcalburnus chalcoides 132
Chondrostoma genei 116
— kneri 116
— nasus 114
— phoxinus 116
— toxostoma 116

Esox lucius 84
Eudontomyzon danfordi 30

Gambusia affinis 7, 156
Gasterosteus aculeatus 180
Gobio albipinnatus 120
— ciscaucasicus 122
— gobio 118
— kessleri 118
— uranoscopus 120, 122
Gobius batrachocephalus 124
— caninus 83
— gymnotrachelus 214
Gymnocephalus baloni 200
— cernua 200
— schraetzer 200

Hucho hucho 70
Huso huso 46
Hypophthalmichthys molitrix 108

Ictalurus melas 175
— nebulosus 174
Lampetra fluviatilis 32
— planeri 30
Lepomis gibbosus 202
Leucaspius delineatus 110
Leuciscus cephalus 94
— idus 96

— *illyricus* 98
— *leuciscus* 92
— *microlepis* 94
— *souffia* 98
— *svallize* 98
— *turskyi* 96
— *ukliva* 96

Lota lota 178

Micropterus dolomieui 202
— *salmoides* 202
Misgurnus fossilis 166
Molva molva 179
Mugil auratus 184
— *capito* 188
— *cephalus* 184
— *labeo* 186
— *labrosus* 190
— *saliens* 188
Myoxocephalus quadricornis 14, 208
Myxine glutinosa 28

Nasus 76
Nerophis ophidion 182
Noemacheilus angorae 170
— *barbatulus* 168
— *merga* 170

Oncorhynchus gorbuscha 72
— *keta* 72
Osmerus eperlanus 78

Padogobius panizzai 214
Paraphoxinus adspersus 110
— *alepidotus* 110
Pelecus cultratus 142
Perca fluviatilis 194
Petromyzon marinus 34
Phoxinus percnurus 102
— *phoxinus* 100
Platichthys flesus 218
Pomatoschistus canestrini 212

— *microps* 212
Proterorhinus marmoratus 210
Pseudorasbora parva 156
Pungitius pungitius 180

Rhodeus sericeus 144
Romanichthys valsanicola 200
Rutilus frisii 90
— *kutum* 91
— *meidingeri* 91
— *pigus* 88
— *rubilio* 90
— *rutilus* 86

Salmo gairdneri 64
— *m. fario* 7, 56, 58
— *m. lacustris* 56, 60
— *salar* 62
— *trutta* 56
Salvelinus alpinus 66
— *fontinalis* 68
Scardinius erythrophthalmus 104
— *graceus* 104
— *racovitzai* 7, 104
Silurus aristotelis 172
— *glanis* 172
Solea solea 218
Stizostedion lucioperca 196
— *volgense* 196
Syphonostoma typhle 182

Thymallus thymallus 80
Tinca tinca 112

Umbra krameri 82
— *pygmaea* 82

Valencia hispanica 156
Vimba vimba 140

Zingel asper 198
— *streber* 198
— *zingel* 198